你 一 定 爱 读 的
极简金融史

一口气读懂金钱与世界的逻辑

斯凯恩·著

THE BRIEF HISTORY
OF FINANCE

民主与建设出版社

Democracy & Construction Publishing House

图书在版编目（CIP）数据

你一定爱读的极简金融史 / 斯凯恩著. -- 北京：

民主与建设出版社, 2015.11

ISBN 978-7-5139-0948-8

Ⅰ.①你… Ⅱ.①斯… Ⅲ.①金融－经济史－世界

Ⅳ.①F831.9

中国版本图书馆CIP数据核字（2015）第290870号

出 版 人：许久文
责任编辑：李保华
策划编辑：蔡荣建
出版发行：民主与建设出版社有限责任公司
电　　话：(010)59419778　　59417745
社　　址：北京市朝阳区阜通东大街融科望京中心B座601室
邮　　编：100102
印　　刷：廊坊市华北石油华星印务有限公司
版　　次：2016年3月第1版　2016年3月第1次印刷
开　　本：32
印　　张：7.5
书　　号：ISBN 978-7-5139-0948-8
定　　价：32.80元

注：如有印、装质量问题，请与出版社联系。

前　言

　　金融是一个行业，也是一个专业。金融家不会凭空将钱变多，人们通过金融只是把钱从一些人的手上转到另一些人的手上，钱本身不会变多或变少，但结果却是，一些人获利，一些人赔钱。

　　在金融体系日益发达的市场经济中，我们每个人的命运从未像今天这样与金融联系得如此紧密。面对次贷危机引发的金融海啸，没有人能够独善其身。当我们在诅咒金融家的疯狂再次给整个世界带来了一场灾难的时候，我们也清楚地知道，这不是第一次，也绝不会是最后一次。

　　金融改变了人类的历史，但金融并不常是主角，大多数情况下它只是个附庸，真正长期起决定作用的还是社会、政治体制，以及人的思维和决策。

　　我们的世界是被一小撮银行家把持着的吗？金融史不会支持这样的反问。拿破仑说银行家唯利是图，俾斯麦说银行家就是乌合之众，事实上，银行家从来都不是万能的，早期的银行家贷款给国王，国王不还钱，银行家照样没辙。金钱的力量很大，但不是最大的。现在的银行家也不是万能的，尽管他们的利益网络十分广泛。

　　曾经的罗斯柴尔德家族的确厉害，如果19世纪有福布斯富豪榜的话，他们一定会长期垄断榜首的位置，欧洲首富非他莫属。然而，那都是很久以前的事了。国际金融中心从阿姆斯特丹迁到了伦敦，又迁到了纽约……如今更是全球化的时代，一个家族想要长期垄断天下的金权，不仅财力不够，难以为继，而且二战后的新兴国家又怎能允许外国金融势力染指内政呢？

摩根财团？高盛集团？没错，他们都是金融业的巨头和霸主，但在金融史的长河中，他们只能算是几朵后起的浪花。

太阳底下没有新鲜事，现实只不过是历史的重演。与其在现实中迷茫不堪，不如到现实背后去洞察其前世今生的故事。有因才有果，执着于果，不如反思于因。于是，便有了这本《你一定爱读的极简金融史》。

从原始社会的货贝到信用卡、从金融的创新者到恐龙般大而无情的财阀大亨、从疯狂的郁金香到次贷危机……本书将缤纷的金融史实分门别类，用最浅显易懂的语言，揭开金融学神秘的面纱，将其最生动鲜活的一面呈现在你面前。

本书在讲述每一个金融元素时，都力图从最初的本源开始。如果你看书的习惯是喜欢直接跳到最后去看结局，那你一定会喜欢这本书，因为开头没多久，便已讲到了结局。这本书从起点出发，沿着货币、信用、银行、证券保险、衍生品、金融中心、金融巨头、金融危机这八条线路，带领读者从远古到现代，完成了八次金融史的阅读旅程。也可以说，这本书从不同的角度把金融史述说了八遍。

经济学大师约瑟夫·熊彼特说："如果一个人不掌握历史事实，不具备适当的历史感或所谓历史经验，他就不可能指望理解任何时代的经济现象。"他还指出，"目前经济分析中所犯的根本性错误，大部分是缺乏历史的经验，而经济学家在其他方面的欠缺倒是次要的"。

回顾金融史，我们会发现有如此多的经典事件供我们学习，所谓"以史为鉴，可以知兴衰"。我们衷心希望，此书能为读者提供一个认识现实经济世界的全新视角，在投资、经营、决策、工作和生活中能够正确、理性地对待发生的每一个变化，以助各位"知兴替""明得失"！

目录

第1章

货币简史

货币的出现是金融史的起点。

而且，当代经济学界有一种观点，认为所有的金融行为、金融现象，都是某种程度上的或大或小的"货币"事件。

因此，我们要先从货币开始讲述波澜壮阔的金融史。

从物物交换到货币交换

第二次世界大战期间，在纳粹的战俘集中营中流通着一种特殊的商品货币：香烟。当时的红十字会设法向战俘营提供各种人道主义物品，如食物、衣服、香烟等。由于数量有限，这些物品只能根据某种平均主义的原则在战俘之间进行分配，而无法顾及每个战俘的特定偏好。但是人与人之间的偏好显然是会有所不同的，有人喜欢巧克力，有人喜欢奶酪，还有人则可能更想得到一包香烟。因此这种分配显然是缺乏效率的，战俘们有进行交换的需要。

但是即便在战俘营这样一个狭小的范围内，物物交换也显得非常不方便，因为它要求交易双方恰巧都想要对方的东西，也就是所谓的需求的双重巧合。为了使交换能够更加顺利地进行，需要有一种充当交易媒介的商品，即货币。那么，在战俘营中，究竟哪一种物品适合做交易媒介呢？许多战俘营都不约而同地选择香烟来扮演这一角色。战俘们用香烟来进行计价和交易，如一根香肠值10支香烟，一件衬衣值80支香烟，替别人洗一件衣服则可以换得两支香烟。有了这样一种记账单位和交易媒介之后，战俘之间的交换就方便多了。

在过去100多年的时间里，无政府主义者，甚至那些极端的保守分子和嬉皮士，他们都曾经梦想废除货币。那么让我们想象一下：一个没有货币的世界会是什么样子呢？

在现代社会中，每一个家庭或个人、各类经济单位几乎每天都要接触货币；任何商品都需要用货币来计价，任何购买都要用货币来支付。但是让我们回到最开始的地方，假设这里是一个没有货币的世界，那么，我们的生活又会是什么样的呢？

现在我们就来复活一下古老的交易方式：一个村子里住着养羊的人、种麦子的人、打铁的人。现在养羊的人想要一把斧头，但是打铁的人却固执地只愿意接受面包，那么养羊的人会怎么做呢？首先，在和种麦子的人讨价还价之后，他会让对方牵走一只羊，然后换来50个面包。接下来，他再和铁匠商量，最终用20个面包换来自己需要的一把斧头。

在货币出现之前，人们采取的就是这种物物交换形式。这样直接的物物交换是极其麻烦的，人们不得不花费大量的时间为最琐碎的结果而讨价还价，而且这种交换往往还会带来一些不快。

但是随着人口增加，物产增多，商品流通规模也随之增大。在这种情况下，单纯的物物交换已经无法满足人类的需求，而为了加快贸易的速度，人们发明了"钱"。在上面的例子中，一只羊最终可以换来一把石斧。但是有时候受到用于交换的物资种类的限制，不得不寻找一种能够为交换双方都能够接受的物品。这种物品就是最原始的货币。牲畜、盐、稀有的贝壳、珍稀鸟类羽毛、宝石、沙金、石头等不容易大量获取的物品都曾经作为货币使用过。

　　按照现代经济学的解释，货币是交易的手段，制度化的信用象征，它能有效降低交易的成本。当人们将货币引入经济系统之后，任何商品的价格都可以用这个"度"来表示，由此经济系统便发生了翻天覆地的变化。《荷马史诗》就记载着这样的内容：当时的人们经常用牛来代表物品的价值，一个工艺娴熟的女奴值4头牛，而第一名角斗士的奖品值12头牛。但是我们需要明白的是，流通的货币就好像一条公路，尽管它们可以流通，可以把所有的牧草和谷物从农村带到市场上，但货币本身不具备任何价值，它只是价值的载体。

　　最后，我们简单总结一下货币的功能：

　　（1）计价单位。所有的交换都以货币为媒介，于是人们拥有了一项衡量任何一种商品的标准了。

　　通过货币，我们可以轻松地将一种商品或服务同其他商品或服务联系起来，由此诞生了伟大的价格体系，人们能够从经济的角度计算得失：一辆汽车大概价值60盎司黄金，而一间房子价值180盎司黄金，也就是说一间房子能换来三辆汽车。瞧，这非常简单明了！

　　（2）流通手段。货币的引入消除了物物交换中的各种弊端，货币充当商品交换的中介，为商品和服务交换提供便利，不仅提高了交换的效率，也提高了人们的生活水平。

　　货币源于流通，服务于流通。作为商品交换的媒介，任何形式的货币运动的最终归宿都是交换，无论是借、贷、存、贮、汇等运动，最终的目的都是为了消费（即交换），它的终点总是商品，否则货币就失去了意义。

（3）价值贮藏。货币可以作为社会财富的代表被贮藏起来，即"把现在的购买力转变为未来的购买力"。

作为价值的载体，货币的运动就是价值的运动，货币的贮藏也就是价值的贮藏。一般来说，纸币的稳定性要比实物货币相对差一些。因为纸币的价值及其发行是央行人为决定的，具有无限扩大的可能。而且现代政府和央行也喜欢这种凭空创造财富的机制，总是具有扩大发行的冲动。纸币的价值稳定性比商品货币要差得多，因此削弱了纸币的价值贮藏职能。在极端情况下，纸币就变成了白纸一张，完全失去了价值，不具备货币真正的职能，比如津巴布韦的100万亿纸币。

（4）支付手段。货币的转移就意味着价值的转移，这种转移就是支付过程。

以货币为媒介的商品交换，无论是由商品转化为货币，还是由货币再转化为商品从而最终完成商品间的交换都包含两个方面的内容。其一为商品的转移，即交货的过程，卖的过程。其二为货币的转移，即付款的过程，买的过程。买或卖的过程以交货及付款的完成而结束。其中付款的过程就是支付的过程。货币作为支付手段的职能是货币充当交易媒介的必要条件。

金银是天然的货币

远古时代以物易物的方式极其繁琐，因此当时的人们渐渐想到找一种交易媒介来简化这种交易。亚里士多德在《政治学》中为我们描述了人们的要求：这种东西可以在人们之间彼此平等交换，自身必须有价值，出于生活的考虑，它应如铁和银或其他类似性质的物品一样有方便携带的额外优点。

那么用什么媒介来交易呢？这种东西必须为交换双方都能够接受，还要不容易大量获取，还必须可以携带……牲畜、盐、稀有的贝壳、羽毛、石头等都曾作为货币使用过。但是经过长年的自然淘汰，这些作为货币使用的物品逐渐被以黄金为代表的贵金属所取代。不仅是在中国，在世界范围内都是如此。也就是说，当人们需要选择最适合充当货币形式的商品时，几乎无一例外地选择了金银。所以凯恩斯说：金本位是野蛮的遗迹。

人们说，金银是天然的货币，在这里不妨诠释一下黄金成为货币的先天条件和优势：

首先，黄金色彩鲜艳，有光泽，是唯一不褪色、不生锈的金属。其次，黄金价值高，便于携带。试想一下，如果以羊作为货币，那么在匆忙之间我们又该如何携带呢？再次，黄金易于分割，便于锻造，可以满足不同数额的支付需求。最后，黄金易于识别，便于测量。

但是使用黄金交易也有很多不方便的地方：成色需要鉴定，重量需要称量。渐渐地，人们又想出了一个更好的办法——铸造重量、成色统一的贵金属硬币。这样，在使用货币的时候，既不需要称重，也不需要测试成色。这些硬币上有国王或皇帝的头像、复杂的纹章和印玺图案，以免伪造。

小亚细亚吕底亚王国（今土耳其西部）金币是目前世界上发现的最早的金币。币材采用流经吕底亚王国首府萨迪斯河中的自然金银矿粒打制而成。这种矿粒成分约为3金1银，呈黄白色，俗称琥珀金。

西方国家的主币为金币和银币，辅币以铜、铜合金制造。随着欧洲经济的发展，商品交易量逐渐增大，到15世纪时，经济发达的佛兰德斯和意大利北部各邦国出现了通货紧缩的恐慌。从16世纪开始，大量来自美洲的黄金和白银通过西班牙流入欧洲，挽救了欧洲的货币制度。

慢慢地，人们发现金属货币使用起来也并不方便。在大额交易中需要使用大量的金属硬币，其重量和体积都令人感到烦恼。金属货币使用中还会出现磨损。请看一个惊人的事实：自从人类使用黄金作为货币以来，已有超过两万吨的黄金在铸币厂里，或者在人们的手中、钱袋中和衣物口袋中磨损掉了。

在这种情况下，金本位出现了。在金本位货币制度下，政府规定金银之间的价值比率并按这一比率无限买卖金银。让我们来看一下金本位的基本特征：以一定量的黄金为货币单位铸造金币，作为本位币；金币可以自由铸造，自由熔化，具有无限法偿能力，同时限制其他铸币的铸造和偿付能力；辅币和银行券可以自由兑换金币或等量黄金；黄金可以自由出入国境；以黄金为唯一准备金。

人类历史上第一个金币本位制国际货币体系，以黄金为核心和本位货币。到1914年，已有59个国家实行了金本位制。黄金是货币历史上第一个国际性也是最后一个本身拥有价值而又固定充当一般等价物与价值尺度的实质性货币。黄金是本位货币，是国际硬通货，可自由进出口，可支付贸易赤字，可作为国内货币流通。黄金可以自由铸造、自由兑换、自由输出。就这样，黄金成了货币的中心，也成了经济的中心，黄金的金融属性非常完备。

但是第一次世界大战对金本位制造了很大的冲击：1933年世界性经济危机时，黄金紧缺并且受到官方控制，伦敦黄金市场关闭，"金本位制"彻底崩溃，我们从此进入了货币信用时代。

从1938年开始，已没有一个国家允许国民将货币或存款兑换成黄金，黄金的货币属性已经消失。尽管近几年来黄金价格不断上涨，但金本位复归仍然是一种渺茫的梦想。

劣币与良币的竞争

400多年以前，英国财政大臣格雷欣发现了一个有趣的现象，两种实际价值不同而名义价值相同的货币同时流通时，实际价值较高的货币，也就是"良币"，必然退出流通——它们被收藏、熔化或被输出国外；实际价值较低的货币，也就是"劣币"，却充斥市场。人们称这种现象为"格雷欣法则"，也就是"劣币驱逐良币规律"。

在铸币时代，当那些低于法定重量或者成色的铸币——"劣币"进入流通领域之后，人们就倾向于将那些足值货币——"良币"收藏起来。最后，良币被驱逐，市场上流通的就只剩下劣币了。在金银复本位制度下，由于金和银本身的价值是变动的，这种金属货币本身价值的变动与两者兑换比率相对保持不变产生了"劣币驱逐良币"的现象，使复本位制无法实现。比如说当金和银的兑换比率是1：15，当银由于银的开采成本降低而最后其价值降低时，人们就按上述比率用银兑换金，将其贮藏，最后使银充斥于货币流通，排斥了金。如果相反即银的价值上升而金的价值降低，人们就会用金按上述比例兑换银，将银贮藏，流通中就只会是金币。

事实上，劣币驱逐良币规律不难理解，因为这种情况在生活中也广泛存在。比如在公共领域，当潜规则盛行时，守规矩的人肯定争不过不守规矩者。就说排队购物或上车吧，文明程度低的城市，守规矩排队者总是被挤得东倒西歪，几趟车也上不去，而不守秩序的人倒常常能够捷足先登，争得座位或抢得时间。最后遵守秩序排队上车的人越来越少，车辆一来，众人都争先恐后，搞得每次乘车都如同打仗，苦不堪言。

回归正题，劣币驱逐良币这种现象到底是怎样产生的呢？

经济学家亚当·斯密说："我相信，世界各国的君主，都是贪婪不公的。他们欺骗臣民，把货币最初所含的金属分量，次第削减。"在欧洲，从罗马时代到17世纪，铸币的历史几乎就是一部不断贬值的历史。臣民可以拒绝贬值的货币吗？不能！那将被视为对王权的挑战。

在中国，汉武帝曾经把禁苑里的白鹿皮做成钱币，规定一块白鹿皮币值40万钱，强行卖给王侯宗室。在欧洲，对政府铸造的金币、铜币，也总有人想办法从边缘弄下一些边角余料，降低了货币的实际价值，但由于是法定货币，它们仍然能得以流通。总之，在每一个大规模的劣币驱逐良币的案例中，都能看到"法定货币"的身影。

如果再进一步探讨一下，你有没有想过，为什么货币都是国家"垄断"呢？私人为什么不能铸币呢？

其实在最初的时候，铸币行业与其他行业没有什么区别，19世纪初资本主义开始时期，铸币权都是分散的，每一个铸币者生产最讨顾客喜欢的钱币——大小或形状讨顾客喜欢，其价格经市场自由竞争后确定。古希腊几乎每座城邦都有自己铸造的货币，中世纪的德国各封建领主的铸币机构有600多所。

人类用货币欺骗人类的历史和人类最早使用金币的历史一样久远。在坦桑尼亚，牛曾经被用来当作货币，可不幸的是，人们发现交易中所支付的牛都是瘦弱的病牛，因为人们价格只是用牛的数量来表示，价格在优质牛和劣质牛之间没有区别，因此将劣质牛作为支付，而将优质牛保留起来就是很自然的事。即使在纳粹集中营里，劣币也会驱逐良币，因为手工卷烟很快就将机器卷烟驱逐了出去。

古罗马时期这种做法达到了最疯狂的程度，铸币机构曾铸造仅含白银2%的银币。渐渐地，那些足值的货币会离开市场。

为了避免劣币充斥市场，人们开始反对私人铸币。他们更愿意信赖政府铸币，并相信政府能够防止或者惩罚那些私人铸币的欺诈行为。于是，政府渐渐地垄断了铸币权。

可是政府就真的值得信赖吗？

在16世纪英国，贵金属不敷造币使用，必须在新铸造的货币之中加入其他金属成分，故当时市场上就有两种货币，一种是原先不含杂质的货币，另一种是被加入其他金属的货币。虽然两种货币在法律上的价值相等，但人们却能加以辨认，并且储存不含杂质的货币，将含杂质的货币拿去交易流通。故市面上的良币就渐渐被储存而减少流通，市场上就只剩下劣币在交易。

公元1世纪，在臭名昭著的尼禄皇帝时期，这些铸币的贵金属含量开始减少，金币和银币中越来越多地掺进了合金。紧接着用这种计量单位表示的价格出现了前所未有的上涨，罗马帝国的衰落也就从通货膨胀开始了。

但是很多时候，经济生活中也存在"反格雷欣法则"的现象，也就是说良币驱逐劣币。

你拿着100元在菜市场买菜，当你认真检视找回来的50元钞票时，是否意识到自己在做什么？！你在检查收到的是否是假钞，套用经济学术语：你在驱逐劣币。

没错，在市场竞争的条件下，劣币不能驱逐良币，因为每一天都有无数的人在自发地驱逐劣币。买主固然倾向于使用劣币支付，但他们未必能够得逞。因为卖主和买主一样精明，他们会拒绝接受劣币。买主要想买到商品，只好把藏起来的良币投入使用。

每个人既是买主又是卖主，当他作为买主被卖主拒绝劣币之后，他做卖主时自然也会拒绝劣币。你为什么反复检查出租车司机找给你的钱？因为你知道如果你收到假币，就很难把它花出去。长期下来，劣币就将退出流通。因此，在市场竞争条件下，总是良币驱逐劣币，而不是劣币驱逐良币。

比如在中国的钱庄、票号时代，哪家的信用好，哪家的银票就坚挺。山西的四大恒票号信用卓著，四家的银票同时通行全国，连慈禧太后也得使用。而那些信用成问题的钱庄票号，它们的银票就会被迅速抛离市场，充分体现了良币驱逐劣币的威力。红顶商人胡雪岩的阜康钱庄，信用出问题后也是落得个被抛弃的命运。银元时代，墨西哥鹰洋和袁大头由于其优质的成色，一直作为良币稳占市场，从来没有被驱逐之忧。

也就是说，当金融货币被银行券或纸币替代后，"格雷欣法则"就被倒置了，即良币驱逐了劣币。这是因为，金融货币与商品相交换时，体现的是一种"钱货两清"的等价交易；而纸币本身没有价值，它与商品的交换体现的是一种债权债务的信用关系，商品生产者售出商品接受纸币，以信任纸币发行人的信用为前提。所以，"好"的纸币发行人发行的纸币必然受到欢迎，而"差"的纸币发行人发行的纸币必然遭到抵制，于是良币驱逐了劣币。

纸币的起源与盛行

18世纪，欧洲各国货币还是采用金属本位，市场上不是金币就是银币，总之没有纸币。因为欧洲人民都觉得跟黄金白银相比，纸币太不可靠了。但是，当时的金融家约翰·劳先生说"不，纸币是一个国家繁荣的最好方法。"他的信念就是，"要繁荣，发纸币"。

1715年法王路易十四去世。这个死去的国王生前喜欢奢侈品，倡导高消费，搞得法国财政濒于破产的地步。在他死后掌管法国的摄政王奥尔良公爵，为了还清他哥哥生前留下的财政窟窿，伤透了脑筋。这时约翰·劳先生出现了，他说纸币可以带来繁荣，可以轻松地还清债务。奥尔良公爵立刻听从了约翰·劳的建议，授权这个英国人组建法国历史上第一家银行，发行纸币。在开业初期，约翰·劳先生坚守承诺，他的任何银行发行的纸币都可以立刻兑换相当于面值的金币。老百姓因此相信他的纸币是有价值的，争相持有。可是，到了后来，法国政府顶不住增发纸币的诱惑，纸币泛滥成灾。终于在1720年的某一天，人们发现纸币的面值已经超过了全国金属硬币总和的一倍还多，于是纸币崩溃了，不得不全数被折价收回，重新流通金属硬币。无数人遭受巨大损失，法国差点爆发革命。约翰·劳先生逃到了意大利，这位曾经的全法国最大的红人，1729年无声无息地死在威尼斯的一个贫民窟里。

这位约翰·劳先生可以算得上是货币史上的一位大名鼎鼎的

人物，他发行纸币这个观念本身并没有错。那么，约翰·劳先生为什么会失败呢？他的错误又是什么呢？

劳最初的成功在于，他发现当商品货币短缺时，可以通过发行信用或纸币来重新达到最优，这样就弥补了货币不足对经济的影响。但约翰·劳后来的错误在于，他将创造货币等同于创造财富。然而对于国家而言，重要的不是创造货币，而是创造财富。

纸币作为货币的价值符号，现在已经通行世界。如中国的人民币、美国的美元等都是一个国家的法定货币，由这个国家的中央银行统一发行、强制流通，以国家信用作保障，私人不能印制、发行货币。纸币本身没有金属货币那种内在价值，纸币本身的价值也比国家确定的货币价值要小得多，它只是一种货币价值的符号。

如果单从纸币本身的质地看，它自身的价值几乎可以忽略不计。但是，纸币不仅可以交换任何商品，甚至连昔日的货币贵族——黄金也可以交换。这是为什么呢？要回答这个问题，我们还是从纸币的历史说起。

世界上最早的纸币出现在中国。北宋时期，四川缺铜，流通中主要使用铁钱。铁钱易腐烂、价值低，10单位铁钱只相当于1单位铜钱，用起来极为笨重。比如，买一匹布需要铁钱2万，重达500斤。为了解决这个问题，一些富有的商人就开起了"交子铺"，人们可以把笨重的铁钱交给交子铺保管，同时换取交子铺开出的纸票——交子，然后拿着轻便的交子去买卖货物，交子铺则收取一定比例的保管费。最早的交子印有密码、花押，以防伪造，金额是兑换时临时填写的。后来，有些富商联合起来，共同发行数额已经写好的标准化交子。

有了交子和交子铺，人们可以随时把钱币换成交子用于买卖，也可以随时凭交子从交子铺兑换现钱，确实大大便利了流通。但是问题出现了，如果发行交子的商人不讲信用，或者因经营亏损而拿不出别人要兑换的现钱，甚至是弄虚作假，就会导致交子票无法兑现，持有交子的人就和开交子铺的富商打起官司来。后来，北宋政府不得不进行干预，禁止私人发行交子，改由政府印制发行官方交子，称为钱引。可惜的是由于种种原因，这种纸币未能持续流通。

纸币诞生后，在很长的时期内只能充当金属货币（主要是黄金，也有的国家是白银）的"附庸"，就像影子一样，它只不过是黄金的价值符号。国家以法律形式确定纸币的含金量，人们可以用纸币自由兑换黄金，这种货币制度也被称为金本位制。在很长的历史时期里，金本位制是人类社会的基本货币制度，但它存在着先天无法克服的缺陷。

困扰金本位制的就是纸币与黄金的比价和数量问题。当依据黄金发行纸币的时候，必须确定一个比价，而此后不论是黄金数量发生变化还是纸币数量发生变化，原先的比价都无法维持，金本位制也就无法稳定运行。

英国最早实行金本位制，国家规定纸币与黄金的固定比价，纸币可以自由兑换黄金。第一次世界大战期间，英国为了筹措军费大量发行纸币，同时从美国购买军用物资，支付了大量的黄金。纸币发行量剧增，黄金储备量急剧下降，原先纸币和黄金的比价无法维持。英国不得不在战时停止英镑兑换黄金，暂时放弃金本位制。在1929～1933年世界经济大危机中，英国的金本位制彻底崩溃了。

这个问题在后来的布雷顿森林体系中仍然存在，并最终导致了布雷顿森林体系的崩溃。

金本位制最终崩溃并退出历史舞台表明，纸币再也不能直接兑换成黄金，也就是不能直接兑换回金属货币，纸币这个金属货币的"附庸"终于走上了舞台的中央，成为货币家族的主角。纸币成为本位货币，以国家信用作保障，依靠国家的强制力流通。

第二次世界大战期间，美国大发战争横财，黄金储备居世界第一。1944年，各国在布雷顿森林市召开会议，决定确定美元与黄金的固定比价（35美元=1盎司），各国货币再与美元确定固定比价。这个新的货币体系也被称为布雷顿森林体系。此后，为了适应日益繁荣的国际贸易，美国大量发行美元，远远超过黄金储备量，人们对美元逐渐失去信心，黄金抢购狂潮不断。1971年8月，美国不得不宣布停止以美元兑换黄金，金本位制彻底退出历史舞台，从此纸币大行其道。

从美元到美金

前面我们曾经说过：黄金是天然的货币。事实上在人类的文明史里，无论国家、信仰、种族发生了何种变换，黄金始终都是世人公认的财富形式。尽管这种信任曾经随着金矿的发现而产生波动，比如15世纪的地理大发现使得大量的金银进入西欧，物价飞涨，但随后经济学家们发现，金银的增加仅仅引起物价的飞涨，人们的生活水平并没有提高。为了摆脱黄金数量带来的波动，经济学家威廉·费雪甚至提出了激进的方案：如果黄金价格相对于其他商品价格下降了，那么就应该提高美元中黄金的含量，从而相对于其他商品价格而言，美元保持相对稳定；如果黄金价格上升了，那么就应该相应地减少黄金比例。当然，这样的方案只是一种理想状态，因为黄金含量的变化并不能随意改变，但是，重大的货币改革已经为时不远了。

在布雷顿森林体系以前两次世界大战之间的20年中，当时的国际货币体系已分裂成几个相互竞争的货币集团，各国货币竞相贬值，动荡不定，因为每一个经济集团都想以牺牲他人利益为代价，解决自身的国际收支和就业问题，呈现出一种无政府状态。但是在第二次世界大战后，各国的经济政治实力发生了重大变化，美国登上了资本主义世界盟主地位，美元的国际地位因其国际黄金储备的巨大实力而空前稳固。这就使建立一个以美元为支柱的有利于美国对外经济扩张的国际货币体系成为可能。一个必须解决的问题是，真正需要保持的是美元相对于作为总体的产品和劳务的购买力，而不是专门保持黄金的稳定。可是，黄金的数量也是不稳定的，因此美元和金银挂钩并不能确保交割的稳定性。

美国新罕布什尔州有个地方叫布雷顿，一次真正改变黄金命运的会议就在那里的华盛顿山大旅社召开。当时来自44个国家的代表们签署了布雷顿森林货币体系。它是以美元为中心的，它规定了美元与黄金挂钩，其他国家货币与美元挂钩。即一盎司黄金对应35美元。所有其他的货币兑换美元的汇率都是固定的。这种体系使得美国可以决定货币和经济政策，其他国家必须要顺应美国的政策，但是同时也从固定汇率和国际金融体系的稳定中获得了益处。这个体系使美元在战后国际货币体系中处于中心地位，美元成了黄金的"等价物"，各国货币只有通过美元才能同黄金发生关系。从此，美元就成了国际清算的支付手段和各国的主要储备货币。

布雷顿森林体系的建立，在战后相当一段时间内，确实带来了国际贸易空前发展和全球经济越来越相互依存的时代。但布雷顿森林体系存在种种缺陷。一方面，美元作为国际支付手段与国际储备手段，要求美元币值稳定，才会在国际支付中被其他国家所普遍接受。而美元币值稳定，不仅要求美国有足够的黄金储备，而且要求美国的国际收支必须保持顺差，从而使黄金不断流入美国而增加其黄金储备。否则，人们在国际支付中就不愿接受美元。但另一方面，长期贸易逆差必然会影响人们对美元的信心，从而引起美元危机，而美国如果保持国际收支平衡，就会断绝国际储备的供应，引起国际清偿能力的不足。

这种矛盾终于慢慢爆发了。从20世纪50年代后期开始，随着美国经济竞争力逐渐削弱，其国际收支开始趋向恶化，出现了全球性"美元过剩"情况，各国纷纷抛出美元兑换黄金，美国黄金开始大量外流。

在1971年8月15日，黄金永远退出了历史舞台。此时，美国的黄金储备再也支撑不住日益泛滥的美元，尼克松政府被迫宣布放弃按35美元一盎司的官价兑换黄金的美元"金本位制"，实行黄金与美元比价的自由浮动。美元也不再成为世界货币围绕的中心，这标志着布雷顿森林体系的基础已全部丧失，该体系终于完全崩溃，这意味着完全信用基础的货币取代了黄金成为本位货币。也就是说，从1971年开始，人类放弃了对黄金的信任，这个信任完全由国家来承担了，全球经济也从此进入到一个美元霸权的时代。

但是很快，随着第一次石油危机的到来，以黄金为后盾的固定汇率制度崩溃了，或者说布雷顿森林体系崩溃了。

20世纪70年代，石油输出国组织成立，决定把油价从2美金涨到12美金。尽管西方国家以武力相逼，最终石油输出国组织还是赢了。由于基础原料价格突然高涨，美国经济遭到重创。又加上美国还背上了越南战争的包袱，各国对美国的信任大减，纷纷拿出储备中的美金换取黄金。尼克松总统于1971年8月15日决定，让固定汇率见鬼去吧。美国可不想丧失所有的黄金储备（至今美国的黄金储备仍远远高于其他任何国家，而且是一个相当机密的数字，没人知道美国的黄金身价到底有多厚）。虽然没有以黄金为本位固定汇率制度，但是国际贸易依然存在，一国的汇率还是要以另一国汇率为基准。但是美国人这时留了最关键的一手，即：迫使海湾国家以及其他资源密集国都同意将大宗商品、能源、粮食等以美元计价，这等于让美元与石油等大宗商品挂钩了，使得美元在布雷顿森林体系灭亡后仍然是世界首要的贸易货币。大多数国家的货币还是只能用美元为基准而自由浮动，并没有形成不同国家用不同基准货币的多头自由浮动国际金融体系。

随着中国经济实力的日益强大，在某些国际贸易中，也出现了以人民币作为结算货币的现象，但是范围和影响程度仍然是很有限的。

欧元的诞生

每年春夏之交，位于德国西陲的亚琛城举世瞩目。因为此时，这座古老的帝王之都要向那些为欧洲事业做出特殊贡献的人颁发"卡尔奖"。该奖创立于1950年，是以曾在公元8到9世纪统一了从埃布罗河到易北河流域的卡尔大帝的名字命名的，以专门奖励为欧洲统一做出杰出贡献的人、机构或事物。温斯顿·丘吉尔、雅克·德洛斯、瓦茨拉夫·哈维尔，还有阿登纳和前德国总理科尔——都曾荣获过这一著名的欧洲大奖。

2002年，"卡尔奖"第一次颁发给一个"理念"，这个"理念"就是欧元。"卡尔奖"董事会介绍，之所以把这一殊荣给了欧元，是因为欧元代表了欧洲一体化的思维，加强了欧洲人的共同意识，在促进欧洲一体化上具有重要的政治和经济意义。

第二次世界大战后，遭受重创的欧洲各国开始怀念古罗马时代的辉煌，人们普遍认为，只有统一而强大的欧洲才能持久的幸福和安宁，而分裂的欧洲始终存在着不安全的隐患和危机。于是他们设想沿着经济、法律、政治、军事的途径，循序渐进地统一欧洲。这一切都要从经济统一开始，事实上，欧洲人早就开始着手了。

1957年，法国、联邦德国、意大利、荷兰、比利时、卢森堡等六国在签署《罗马条约》的时候，提出了"建立经济和货币同盟"的设想，希望建立一个统一的欧洲货币，以提高各成员国之间经济合作的水平和效率。

1967年，欧共体成立后，建立单一欧洲货币的设想被提上了议事日程。

20世纪60年代末，以美元为中心货币的世界货币体系发生危机后，时任卢森堡首相的皮埃尔·维尔纳发出欧洲货币融合的倡议。"维尔纳计划"被视为通向欧元道路上的第一座里程碑。

1969年12月，欧共体海牙首脑会议制定了有关"建立经济与货币联盟"计划。

1972年4月，欧共体六国决定建立欧洲货币"蛇形浮动体系"。

1978年，欧共体9国同意建立旨在稳定汇率的"欧洲货币体系"。

1979年3月，欧洲货币体系开始生效。欧洲货币单位"埃居"（ECU）成为欧洲记账单位。

1986年2月，欧共体12国签署一体化文件，该文件为建立统一大市场规定了期限。

1989年4月，当时的欧共体委员会主席雅克·德洛尔为首的工作小组提出经货联盟分三步走的计划。

1990年，经货联盟第一阶段开始实施，资本流动自由化。

1991年12月，欧共体首脑会议通过了《马斯特里赫特条约》（简称《马约》）。条约计划从1999年起实行统一货币，从此，欧共体变成了欧盟，欧元取代了埃居。

1993年1月1日，欧洲统一大市场正式全面实施，12个成员国之间取消内部边界，实现商品、资本、人员和劳务的全部或部分自由流通。

1993年11月1日，《马斯特里赫特条约》开始生效。

1994年1月1日，经货联盟进入第二阶段。欧洲货币局正式成立并运作。

1995年12月15日，欧洲理事会马德里会议确定单一货币名称为"欧元"（Euro）。

1996年4月2日，欧洲货币局公布欧元的设计方案。

1997年6月16日，欧盟阿姆斯特丹首脑会议正式批准了《稳定和增长公约》《欧元的法律地位》和《新的货币汇率机制》3

个文件。

1998年5月1日，欧盟布鲁塞尔首脑特别会议确认比利时、法国、德国、意大利、西班牙、荷兰、卢森堡、葡萄牙、奥地利、芬兰和爱尔兰共11国为欧元创始国。

1998年7月1日，欧洲中央银行取代原欧洲货币局。行址设在德国法兰克福。

1999年1月1日，经货联盟进入第三阶段。欧元如期启动，进入账面流通。欧洲中央银行接过确定货币政策的大权，各成员国货币的汇率最终锁定。

2000年6月，希腊成为第十二个欧元区国家。

2002年1月1日，欧元纸币和硬币正式进入欧元区12国流通市场。

经过了十余年的准备，12个欧洲国家走到了一起，他们将放弃本国的原有货币，使用欧盟的统一货币——欧元。在2002年年初的几天里，近3亿人民将他们手中的原有货币替换成欧元。这次替换将涉及140亿欧元纸币和500亿欧元硬币，其运作规模空前绝后。欧元的大规模更替标志着欧洲经济一体化进程向纵深的发展，欧元的正式流通将影响着美元在各地外汇市场里的走势，不断地冲击着美元在国际金融领域中的垄断地位，并将与金融领域中的其他重要事件一起重新构造本世纪新的国际经济格局。

塞弗是德意志银行的一名普通员工，他是比利时人，刚刚和一位漂亮的德国姑娘结婚，目前定居法兰克福。塞弗的父母住在老家布鲁塞尔，塞弗几乎每周都要开车回家看望父母。

"以前我最头疼的事儿就是开车回家，在德国加好了油出发，下次加油时已经到了比利时境内……""哦，我不得不带着比利时法郎，除了加油之外我妻子需要在路上买点吃的……回到布鲁塞尔，你知道，买东西都需要比郎。以前我的钱包里总是装着两种货币——德国马克还有比利时法郎""现在情况好多了，我们有了欧元，一切变得方便多了。每次回家我都忘记已经'出国'了……"塞弗得意地笑着，"到现在我还清楚地记得那次盛大的庆祝活动，我也在欢庆的人群当中"。

经历了19个世纪的漫长等待，欧洲在罗马帝国灭亡以后又一次实现了货币统一。

欧元使欧盟获得了走向更紧密联合发展的基础，欧元的意义不仅仅是一种货币单位，其重要性在于它淡化了欧洲地区的疆域和国别概念，是欧洲各国团结的标志。随着500亿枚欧元硬币和150亿张欧元纸币进入流通领域，12个欧元国世代使用的本国货币将结束其历史使命。这一伟大壮举似乎正在昭示"欧罗巴合众国"时代的到来。

第2章

信用简史

信用创造学派是货币金融学的一个重要流派。在这一学派的眼中：信用就是货币，货币就是信用；信用创造货币，信用形成资本。

信用的起源

在货币经济发展的过程中，信用也逐渐发展起来。

中国上古时代的舜是一个做生意的能手，他带领部落的人以贩盐制盐为生，曾留下了"南风之薰兮，可以解吾民之愠兮；南风之时兮，可以阜吾民之财兮"的诗句。此段意思是温暖的南风吹来，能把盐池的盐粒生产出来，从而可以解决部落之民的生活之虞。文献记载舜"顿丘买贵，于是贩于顿丘；传虚卖贱，于是债于传虚"。顿丘（今河南浚县）缺少某种东西（盐），所以价格高，舜就把这种东西贩运到顿丘来卖；传虚（今山西运城境内）某种东西有余，所以价格低，就以赊购（债）方式收进。

值得注意的是，舜在交易中就已经使用了赊购、债务等商业信用。

在人类早期的经济活动中，商品流通出现了矛盾——"一手交钱、一手交货"的方式由于受到客观条件的限制经常不容易实现。例如，一些商品生产者出售商品时，购买者却可能因自己的商品尚未卖出而无钱购买。于是，赊销即延期支付的方式应运而生。赊销意味着卖方对买方未来付款承诺的信任，意味着商品的让渡和价值实现发生时间上的分离。这样，买卖双方除了商品交换关系之外，又形成了一种债权债务关系，即信用关系。当赊销到期、支付货款时，货币不再发挥其流通手段的职能而只充当支付手段。这种支付是价值的单方面转移。正是由于货币作为支付手段的职能，使得商品能够在早已让渡之后独立地完成价值的实现，从而确保了信用的兑现。整个过程实质上就是一种区别于实物交易和现金交易的交易形式，即信用交易。

后来，信用交易超出了商品买卖的范围。作为支付手段的货币本身也加入了交易过程，出现了货币借贷活动。从此，货币的运动和信用关系联结在一起，并由此形成了新的范畴——金融，现代金融业正是信用关系发展的产物。

在市场经济发展初期，市场行为的主体大多以延期付款的形式相互提供信用，即商业信用；在市场经济较发达时期，随着现代银行的出现和发展，银行信用逐步取代了商业信用，成为现代经济活动中最重要的信用形式。

总之，信用交易和信用制度是随着商品货币经济的不断发展而建立起来的；进而，信用交易的产生和信用制度的建立促进了商品交换和金融工具的发展；最终，现代市场经济发展成为建立在错综复杂的信用关系之上的信用经济。

信用创造学派的兴起

在货币金融学中有一个重要的流派，即以18世纪的约翰·劳为先驱、以19世纪的麦克鲁德、韩以及20世纪的熊彼特等人为代表的"信用创造学派"。在这一学派的眼中，信用就是货币，货币就是信用；信用创造货币；信用形成资本。

18世纪的约翰·劳说："信用是必要的，也是有用的，信用量增加与货币量的增加有同样的效果，即它们同样能产生财富、兴盛商业。"通过银行所进行的信用创造，能在一年之内比从事十年贸易所增加的货币量多得多。所以，法国如欲富庶，实在有求助于信用的必要；不然，比之于利用信用的其他列强，法国即将陷入贫弱的状况。""只要货币丰富，即能够创造一国之繁荣；只要有信用设施(他主要指银行等)，即可以供应丰富之货币，给经济以最初的冲击；依靠这种冲击，就能够为法国产出大量的财富。"约翰·劳的基本逻辑是这样的：货币就是财富——货币不必是金银，而以土地、公债、股票等为保证所发行的纸币为最好——纸币是银行的一种信用——银行通过供给这种信用，就可提供丰富的货币——给经济以最初的冲击——依靠这种冲击，就可以使国家富强、经济繁荣；总之，信用即货币；货币即财富，即资本。

麦克鲁德在他的《信用的理论》中指出："人们以生产物与劳务和人交换，而换得货币，此货币既不能用以果腹，也不能用以蔽体，然而人们却乐于用其生产物与劳务换取货币，这是为什么呢？就是因为换得货币以后，可在需要之时，凭以换取所需之物的缘故。所以，货币的本质不过是向他人要求生产物与劳务的权利或符号，从而实为一种信用""因此，金银货币也可以正确地称之为金属信用。"麦克鲁德认为信用与货币两者的本质是一致的，信用的创造就是货币的增加，两者可以统一于"通货"的概念之下，只是在程度上有所不同：

（1）信用只有单一的价值，但是货币却有多数的价值或者一般的价值，信用只是对某个人的要求权，但是货币却是对一般商品的要求权；

（2）信用只有特殊的不确定的价值（因为债务人死亡或者破产，信用就变得没有价值了），而货币则有持久的价值。

韩被公认为信用创造理论的代表人物，他于1920年发表了《银行信用之国民经济的理论》，影响很大。他是这样论述信用就是货币的："为了支付的目的，从一人转让给他人的支票或者存款划条，就法律的观点来看，自然只是兑取货币的凭证，但从经济的观点来看，只要它需要兑换成本位货币而完成了货币的功能，则它就不只是兑取货币的凭证，而实是货币本身。""向银行兑取货币的凭证，只要它确实可靠，为任何人所愿意接受，则它就被当作货币而流通了。"韩的理论重点在于阐明了信用能够形成资本。他认为信用愈扩，利率愈低，资本商品的生产就愈多，从而资本也就愈能形成；相反，信用愈缩，利率愈高，资本商品的生产即愈少，从而资本即不易形成。他的著名命题就是："资本形成不是储蓄的结果，而是信用提供的结果。""假如说需求对生产是第一性的，那么信用提供对资本形成也是第一性的。若是没有信用提供则任何资本商品都不能够生产，因而资本形成就不可能。信用供给能引起资本形成，恰如需求能引起生产一样。"

熊彼特则指出:"更有用的方法可能是从信用交易着手,把资本主义金融看成是一种清算制度,它抵消债权债务,将差额转移到下期——使得'货币'支付成为特殊情况,没有任何特殊的根本重要性。换言之,从实际上和分析上来讲,一种信用货币理论可能要优于一种货币信用理论。"

其他的一些著名经济学家也做过相似意义上的评说。罗宾逊夫人就曾经明确地指出:"货币实际上就是信用问题。"瑞典学派的代表人物魏克塞尔也认为:"严格地说,我们可以断定,一切货币——包括金属货币——都是信用货币。这是因为直接促使价值发生的力,主要在于流动工具收受者的信心,在于他相信借此能够获得一定数目的商品。不过纸币只享有纯粹的地方信用,而贵金属则多少是在国际范围内被接受的。但是一切只是一个程度上的问题。"

商业信用的发展

1596年到1598年,一个很有名的人叫巴伦支。他是荷兰的一个船长,他试图找到从北面到达亚洲的路线。他经过了三文雅,到达一个俄罗斯的岛屿,但是他们被冰封的海面困住了。

三文雅地处北极圈之内,巴伦支船长和17名荷兰水手在这里度过了8个月的漫长冬季。他们拆掉了船上的甲板做燃料，以便在零下40度的严寒中维持体温；他们靠打猎来取得勉强维持生存的衣服和食物。

在这样恶劣的险境中，8个人死去了。但荷兰商人却做了一件令人难以想象的事情，他们丝毫未动别人委托给他们的货物，而这些货物中就有可以挽救他们生命的衣物和药品。

冬去春来，幸存的商人终于把货物几乎完好无损地带回荷兰，送到委托人手中。他们用生命作代价，守望信念，创造了传之后世的经商法则。在当时，这样的做法也给荷兰商人带来显而易见的好处，那就是赢得了海运贸易的世界市场。

这是一则著名的体现了商业信用的故事。那么请思考一下，商业信用的意义是什么呢？

商业信用是社会信用体系中最重要的一个组成部分，由于它具有很大的外在性，因此，在一定程度上影响着其他信用的发展。从历史的维度而言，中国传统的信用本质上是一种道德观念，包括两个部分，一部分为自给自足的以身份为基础的熟人社会的私人信用，一部分为相互依赖的契约社会的商业信用。

说得再具体一点：

商业信用是企业在正常的经营活动和商品交易中由于延期付款或预收账款所形成的企业常见的信贷关系。

商业信用是在商品销售过程中，一个企业授予另一个企业的信用。如原材料生产厂商授予产品生产企业，或产品生产企业授予产品批发商，产品批发商授予零售企业的信用。

商业信用是指工商企业之间相互提供的、与商品交易直接相联系的信用形式，包括企业之间以赊销分期付款等形式提供的信用以及在商品交易的基础上以预付定金等形式提供的信用。

一句话，商业信用关系到我们日常商业生活的方方面面。

从本质上而言，商业信用是基于主观上的诚实和客观上对承诺的兑现而产生的商业信赖和好评。所谓主观上的诚实，是指在商业活动中，交易双方在主观心理上诚实善意，除了公平交易之理念外，没有其他欺诈意图和目的；所谓客观上对承诺的兑现，是指商业主体应当对自己在交易中向对方作出的有效的意思表示负责，应当使之实际兑现。

商业信用的形式主要有：赊购商品、预收货款和商业汇票。

赊购商品，是一种非常典型的商业信用形式。按期是否支付代价分为免费信用、有代价信用和展期信用三种。

（1）免费信用。企业无须支付任何代价而取得的信用，一般包括法定付款期限和销售者允许的折扣期限。目前，我国"欠账"方式的应付账款则是没有时间限制的免费信用，容易引发拖欠行为。

（2）有代价信用。是指企业需要支付一定代价而取得的信用。购买这需要取得商业信用，则需要放弃折扣，而所放弃的折扣就是取得此种信用的代价。

（3）展期信用。是指企业在销售者提供的信用期限届满后以拖延付款的方式强制取得信用。它是明显违反结算制度的行为，且会影响企业信誉，是不可取的。

预收货款，是指销货单位按照合同或协议规定，在付出商品之前向购货单位预先收取部分或全部货物价款的信用行为。它等于向购货单位先借一笔款项，然后用商品归还，这是另一种典型的商业信用形式。

商业汇票，是指单位之间根据购销合同进行延期付款的商品交易时，开具的反映债权债务关系的票据，是现行的一种商业票据。

商业汇票必须经过承兑，即由有关方在汇票上签章，表示承认到期付款。根据承兑人不同，商业汇票分为商业承兑汇票和银行承兑汇票。

商业汇票在同城、异地均可使用。汇票承兑期限由交易双方商定，一般为1~6个月，最长不超过9个月。如属分期付款，应一次签发若干期不同期限的汇票。汇票经承兑后，承兑人即付款人有到期无条件支付票款的责任。

商业汇票是一种期票，是反映应付账款或应收账款的书面凭证，在财务上作为应付票据或应收票据处理。采用商业汇票可以起到约期结算、防止拖欠的作用。用于汇票到期要通过银行转账结算，这种商业信用便纳入银行信用的轨道。

商业汇票作为一种商业票据，可分为无息票据和有息票据两种。无息票据属于免费信用。如开出的是无息票据，则所承担的票据利息就是应付票据的筹资成本。

其实，在经济生活中，信用就像货币一样，尽管在用它，但它随时处于贬值状态，商业信用也是如此。为什么会贬值？因为经济在发展，因为经济中的泡沫。可以这样说，经济危机大部分是由信用危机引发的，因为信用危机会产生信任危机，并因此形成一个怪圈，直至经济循环遭到破坏。

国家信用的发展

战国时，商鞅准备在秦国变法，唯恐老百姓不信，于是命人在都城的一个城门前，放了一根高三丈的木柱，并到处张贴告示："谁能把城门前那根木柱搬走，官府就赏他五十金。"老百姓看到告示后议论纷纷。大家怀疑这是骗人的举动，但一个年轻力壮、膀大腰圆的小伙子说："让我试试看吧！我去把城门那木柱搬走，要是官府赏钱，就说明他们还讲信用，往后咱们就听他们的；如果不赏钱，就说明他们是愚弄百姓。他们往后说得再好，我们也不信他们那一套了。"说罢，小伙子来到城门前把那根木柱搬走了。商鞅听到这一消息，马上命令赏给那人五十金。那位壮汉看到自己果真得到了五十金，不禁开怀大笑，一边炫耀那五十金，一边对围观的老百姓说："看来官府还是讲信用的啊！"这事一传十，十传百，不久就传遍了整个秦国。"移木立信"后，国家信用深深植根于社会，社会信用由此孕育发展。商鞅下令变法，秦国于是政行令通。

移木立信的故事我们都曾听说过，它其实就是国家信用的树立过程。那么，国家信用在金融市场中起到了什么样的作用呢？
国债与国家信用又有怎样的关系呢？

国家信用是以国家为主体进行的一种信用活动。国家按照信
用原则以发行债券等方式，从国内外货币持有者手中借入货币资
金，说白了，国家信用其实是一种国家负债。国家信用既是国家
为弥补收支不平衡、建设资金不足的一种筹集资金方式，同时也
是实施财政政策、进行宏观调控的一种措施与手段。

国家信用影响了金融市场发展的全过程。在资本的原始积
累时期，国家信用是强有力的杠杆之一。在资本主义制度下，政
府债券主要是通过资本主义大银行或在公开金融市场上发行的，
银行不仅可以从中取得大量回扣，而且政府发行的各种债券还为
银行的股份公司提供了大量虚拟资本和投机的重要对象。并且随
着资本主义经济危机和财政危机的加深，通过国家信用取得的收
入，已成为国家财政收入的重要来源，是弥补亏空的主要手段。
在现代西方发达国家，国家信用已不单纯是取得财政收入的手
段，而且成为调节经济运行的重要经济杠杆。

随着资本主义的发展，国家信用甚至从国内发展到了国外，
即一国政府以国家名义向另一国政府或私人企业、个人借债以及
在国际金融市场上发行政府债券。它既成为弥补一国财政赤字
的手段，也成为调节国际收支、调节对外贸易的有力杠杆。这种
国家信用主要不是用于弥补经常性财政收支出现的赤字，而是聚
集资金用于经济建设的手段。特别是对国外发行政府债券，一方

面可以弥补国内建设资金的不足，另一方面也可以引进国外先进技术，扩大对外贸易，调节国际收支。国家信用的财务基础是国家将来偿还债务的能力，这种偿债能力取决于属于国家（全体人民）的财务资源是否丰厚，它的现金流来源于三个方面：国家的税收收入、政府有偿转让国有资产（包括土地）获得的收入以及国家发行货币的专享权力。

那么国家信用的基本形式都有哪些呢？

①公债。这是一种长期负债，一般在1年以上甚至10年或10年以上，通常用于国家大型项目投资或较大规模的建设。在发行公债时并不注明具体用途和投资项目。

②国库券。这是一种短期负债，以1年以下居多，一般为1个月、3个月、6个月等。

③专项债券。这是一种指明用途的债券，如中国发行的国家重点建设债券等。

④财政透支或借款。在公债券、国库券、专项债券仍不能弥补财政赤字时，余下的赤字即向银行透支和借款。透支一般是临时性的，有的在年度内偿还。借款一般期限较长，一般隔年财政收入大于支出时（包括发行公债收入）才能偿还。有的国家（如中国）只将财政向银行透支和借款算为财政赤字，而发行国库券和专项债券则作为财政收入而不在赤字中标示。

说到国债，大家可能会比较了解，它是近些年的个人投资热点，收入稳定，而且安全。其实国债在我国很早就出现了。战国后期，周赧王听信楚孝烈王，用天子的名义召集六国出兵伐秦，他让西周公拼凑6 000士兵，由于没有军费，只好向富商地主借钱。可六国根本不听他的话，他借的钱很快就花完，债主纷纷上门讨债，他只好隐藏在宫中的一座高台上。这也是成语债台高筑的由来。看来国家信用是一定要以雄厚的实力来支撑的。

我们现在买卖的国债，大致有四种：

凭证式国债。是一种国家储蓄债，可记名、挂失，以"凭证式国债收款凭证"记录债权，不能上市流通，从购买之日起计息。在持有期内，持券人如遇特殊情况需要提取现金，可以到购买网点提前兑取。提前兑取时，除偿还本金外，利息按实际持有天数及相应的利率档次计算，经办机构则按兑付本金的2‰收取手续费。

无记名（实物）国债。是一种实物债券，以实物券的形式记录债权，面值不等，不记名、不挂失，可上市流通。发行期内，投资者可直接在销售国债机构的柜台购买。在证券交易所设立账户的投资者，可委托证券公司通过交易系统申购。发行期结束后，实物券持有者可在柜台卖出，也可将实物券交证券交易所托管，再通过交易系统卖出。目前已停止发行。

储蓄国债（也称电子式国债）。是政府面向个人投资者发行、以吸收个人储蓄资金为目的，满足长期储蓄性投资需求的不可流通记名国债品种。电子储蓄国债就是以电子方式记录债权的储蓄国债品种。

记账式国债。以记账形式记录债权，通过证券交易所的交易系统发行和交易，可以记名、挂失。投资者进行记账式证券买卖，必须在证券交易所设立账户。由于记账式国债的发行和交易均无纸化，所以效率高、成本低，交易安全。

银行信用的发展

1976年，一位曾经在美国读过书的经济学家尤努斯，将27美元借给42名农村妇女用于生产，使她们摆脱了贫穷。随后，他逐步建立起了孟加拉国乡村银行——格莱泯银行。任何妇女，只要能够找到4个朋友，在必要时候同意归还贷款，那么格莱泯银行就向其发放贷款。如果借款人违约，其他人在贷款还清之前就不能借款。

这一做法非常成功。今天，格莱泯银行拥有超过2500个分支机构，超过98%的还款率超过世界上任何一家成功运作的银行。这家成功的银行已经向超过750万人提供贷款，其中97%是女性，65%的借款人以此摆脱了贫穷线。并且，在亚洲、非洲、拉丁美洲，已经有90多家银行模仿该做法。传统的经济理论无法支撑这种想法，尤努斯却为此打开了一扇新的大门。

我们从故事里的借贷中看到的就是银行信用。那么，银行信用有什么特点呢？它又是怎样评级的呢？

银行信用是由商业银行或其他金融机构授给企业或消费者个

人的信用。在产品赊销过程中，银行等金融机构为买方提供融资支持，并帮助卖方扩大销售。商业银行等金融机构以货币方式授予企业信用，贷款和还贷方式的确定以企业信用水平为依据。商业银行对不符合其信用标准的企业会要求其提供抵押、质押作为保证，或者由担保公司为这些企业作出担保。后一种情况实质上是担保公司向申请贷款的企业提供了信用，是信用的特殊形式。银行信用的概念说起来有点繁琐，其实生活中，我们每个人都曾经感受过银行信用，比如向银行做各种贷款、申领信用卡等。

在社会信用体系中，银行信用是支柱和主体信用，是连接国家信用和企业信用、个人信用的桥梁，在整个社会信用体系的建设中，具有先导和推动的作用。可以说，银行信用的正常化是整个社会信用健全完善的重要标志，也是构筑强健金融体系的基石。

银行信用是间接信用，是存贷款人的中介。但银行作为中介人与一般商业经纪人、证券经纪人不同，存款人除按期取得利息外，对银行如何运用存入资金无权过问。正因如此，银行在资本主义经济中由简单的中介人逐步发展成"万能的垄断者"。在资本主义社会，银行信用是主体，但商业信用是整个信用制度的基础。因为银行贷款一般是针对商业票据进行抵押或贴现，银行直接对企业发放的不要任何担保品的信用贷款只占一定比重。从直接信用和间接信用的关系来看，直接信用是基础，间接信用是后盾。没有银行信用的支持，商业票据就不能转化为银行信用，商业信用等直接信用的运用和发展就会受到极大削弱。

一般来说，银行信用具有以下特点：

①银行信用是以货币形态提供的。银行贷放出去的已不是在产业资本循环过程中的商品资本，而是从产业资本循环过程中分离出来的暂时闲置的货币资本。它克服了商业信用在数量规模上的局限性。

②银行信用的借贷双方是货币资本家和职能资本家。由于提供信用的形式是货币，这就克服了商业信用在使用方向上的个中局限性。

③在产业周期的各个阶段上，银行信用的动态与产业资本的动态往往不相一致。

此外，商业银行都会进行信用评级，这是对银行内在的安全性、可靠性的判断，反映了对银行陷入困境而需要第三方（如银行所有者、企业集团、官方机构等）扶持的可能性的意见。商业银行财力级别定义为：

AAA级银行拥有极强的财务实力。通常情况下，它们都是一些主要的大机构，营运价值很高且十分稳定，具有非常好的财务状况以及非常稳定的经营环境。

AA级银行拥有很强的财务实力。通常情况下，它们是一些重要的大机构，营运价值较高且比较稳定，具有良好的财务状况以及较稳定的经营环境。

A级银行拥有较强的财务实力。通常情况下，它们具有一定的营运价值且相对稳定。这些银行或者在稳定的经营环境中表现出较好的财务状况，或者在不稳定的经营环境中显示出可以接受的财务状况。

BBB级银行的财务实力一般。它们常常受到以下一个或多个因素的限制：不稳固或正处于发展中的营运价值，较差的财务状况或不稳定的经营环境。

BB级银行财务实力很弱。周期性地需要或最终需要外界的帮助与支持。这类机构的营运价值不可靠，财务状况在一个或多个方面严重不足，经营环境极不稳定。

B级银行是银行财务实力最弱的一个级别。这类银行缺乏必要的营运价值，财务状况很差，经营环境极不稳定，经常需要外界的扶持。

当然，为了维护银行信用避免坏账，银行在发放贷款时通常都要求贷款人提供抵押物，就是根据借款客户的全部或者部分资产作为抵押品的放款，放款银行有权接管、占有抵押品，并且在进一步的延期、催收均无效时，有权拍卖抵押品，以此收益弥补银行的呆坏账损失。

古老的高利贷

莎士比亚的喜剧《威尼斯商人》描述了这样一个故事：犹太商人夏洛克为人刻毒、贪婪，而基督教徒安东尼奥则乐善好施，借钱从不收利息，坏了夏洛克不少生意，为此夏洛克怀恨在心。一次，安东尼奥为帮助好友，不得已向夏洛克借高利贷。夏洛克不收利息，但却同安东尼奥签了一个生死契约，如到期不能归还就从安东尼奥身上割一磅肉。后来安东尼奥不能如期偿还借款，双方诉讼至法院。夏洛克坚决要按照契约割肉，聪明的鲍西亚假扮律师，出庭为安东尼奥辩护。她准许安东尼奥割肉，但依照"契约"不能多一点，也不能少一点，否则就要夏洛克抵命，财产全部充公。夏洛克于是败诉。

在这个故事中，夏洛克就是一个典型的高利贷发放者，代表了社会的阴暗面。高利贷这种民间信用形式从古至今都一直存在，屡禁不绝。那么，高利贷产生的原因是什么呢？

所谓高利贷信用，就是以取得高额利息为特征的借贷活动。无论东方还是西方，高利贷在人类最古老的社会即已存在，在前资本主义社会经济生活中，高利贷甚至都是占经济统治地位的信用形式。比如说在旧中国，借贷习惯按月计息，月息3分，即3%，这在现在看来，有点高得不可思议，但在当时已经是最"公道"的水平。月息3%，即使不计复利，年息也达36%。比现在的银行利率水平高好几倍。但是，那时实际的月息通常大大高于3%。至于高到何种程度，很难说出上限。

那么高利贷是怎样界定的呢？经济史学者通常会按照如下方式定义高利贷：选定一个"我们觉得合适"的数字，比如20%的年利率，然后把利率超过了20%的任何借贷定义为高利贷。这样的定义从字面意思上看并没有错，因为超过20%的利率的确比较"高"。

高利贷产生于原始社会末期，在奴隶社会和封建社会，它是信用的基本形式。换句话说，在资本主义社会出现之前，在现代银行制度建立之前，民间放贷都是利息很高的。在当时，由于私有制出现，贫富分化，人们开始采用还本付息方式借贷。因当时剩余产品有限，可贷资财极少，借入者只有付出高额利息才能得到急需的商品和货币。这是高利贷产生的历史根源。

高利贷在奴隶社会和封建社会中都是占主导地位的基本信用形式。当时小生产占主导地位的自然经济是其存在的客观基础。在奴隶社会和封建社会，生产力水平低下，小生产者的经济极不稳定，其生活常常陷入窘迫境地。而且他们还背负各种苛捐杂税的负担，为维持简单再生产不得不向高利贷者告贷。高利贷的另一个贷放对象是奴隶主和封建主，他们为维持荒淫无度的奢侈生活或出于政治斗争的需要，不顾高利去借高利贷。由于高利贷的借者不是为了获得追加资本进行经营，而只是为了获得购买手段和支付手段，所以只能忍受高利盘剥。

由于高利贷的高额利息侵吞了经营者的大部分甚至是全部利润，同时又极力维护高利贷存在的基础，阻止资本主义生产方式的发展，这是新兴资产阶级所不能允许的，他们必定要起来与高利贷作斗争。

这种斗争并不是一般地反对借贷关系，而是要借贷关系服从资本主义发展的需要。其斗争的焦点就是要使得利息率降低到平均利润率以下。同样的资本要获得同样的利润，借贷的利息也要符合这个规律的要求。这种斗争的手段最初是法律，就是用法律来限制利息率。例如，英国1545年为6%，1714年又把上限降到

5%。当高利贷垄断了信用事业时，任何降低利率的法令都只能在一时一地起些作用，并不能真正动摇其垄断地位的根基。这种斗争最有效的手段，就是建立资产阶级自己的股份银行，通过银行集中大量的社会闲散资金，支持资本主义经济的发展。资本主义比较早的典型股份银行是1694年在英国建立的英格兰银行。英格兰银行的建立就标志着高利贷垄断地位的结束和资本主义现代信用关系的建立。

高利贷信用就是在小生产者不断破产的基础上生存、发展的。在我国，早在西周时期（公元前1066～前771年），高利贷信用就已出现。到了春秋、战国、秦、汉时期，放款收息的事已较普遍。唐、宋以来又有发展，明代中叶以后至清代，高利贷信用更加活跃，国民党政府时期的高利贷十分猖獗。

我国历史上高利贷的利息率很高。年利率在30%～40%是比较低的，自汉代以来就有"倍称之息"的说法，有的时期年利率高达200%～300%。另外高利贷的形式也是多种多样的：

驴打滚：多在放高利贷者和农民之间进行。借贷期限一般为1个月，月息一般为3～5分，到期不还，利息翻番，并将利息计入下月本金。依此类推，本金逐月增加，利息逐月成倍增长，像驴打滚一样。

羊羔息：即借一还二。如年初借100元，年末还200元。

坐地抽一：借款期限1个月，利息1分，但借时须将本金扣除1/10。到期按原本金计息。如借10元，实得9元，到期按10元还本付息。

由于高利贷有主体分散、个人价值取向、风险控制无力等特
点，不可避免地会引发一定的经济和社会问题。一些利率奇高的
非法高利贷，经常出现借款人的收入增长不足以支付贷款利息的
情况。但在一些时候，由于银行等融资渠道在程序上的繁琐和复
杂也给急需用钱的借贷人带来很多问题，而民间借贷却在这方面
起到了无法替代的重大作用。因而，对于高利贷问题与其严堵，
不如合理引导。

个人信用的发展

俗语说："有借有还，再借不难"。这里所说的"再借不
难"，原因就在于个人信用。

日本有位企业家总结自己的成功经验时有一条是"晴天打
伞"，说自己在经营状况良好时，也定期向银行借钱并按期还
款。长期下来就积累了良好的个人信用，当他真的出现资金紧张
状况时，银行纷纷伸出援手帮助他渡过难关。这种"晴天打伞"
的经验，是对个人信用的生动诠释。

在现代社会，个人信用发展最为迅猛的业务是个人消费信
用，例如购房贷款、购车贷款、分期付款等，其中最有说服力是
的信用卡的普及。

有关信用卡的产生有过这样一段趣事：一天，美国商人麦克

纳马拉在纽约的一家饭店请客吃饭，到了结账时才发现自己没带钱包，他深感难堪，只能打电话叫妻子带现金来结账。这件事让他产生了创建信用卡公司的想法，于是在1920年他和朋友共同创建了"大莱俱乐部"。这个俱乐部为会员提供一种证明自己身份与支付能力的卡片，会员凭借卡片可以记账消费。后来，随着银行信用的介入，这种商业信用卡渐渐转变成了以银行信用为特征的信用卡。信用卡一经面世，很快便风靡起来。

看来，信用卡的出现，它的初衷就是要给人们提供一种信用凭证，让人们可以凭借自己的经济收入与信用，从银行得到一定的信贷额度。因此，真正意义上的信用卡能为人们提供一定限额的消费信贷。而这是信用卡的一个根本标志，也正是因为这样一个功能，信用卡才具有了真正的"信用"意义。

个人信用可以算得上是现代人的另一种"身份证"。千万不要小看了个人信用，良好的信用记录是你的宝贵财富，可以在你申请信贷业务、求职、出国等诸多方面带来便利。不过，如果由于种种原因，在你的信用报告中出现了一些负面的信息，例如，信用卡没有及时足额还款、贷款逾期偿还等，这些信息都会如实展示在个人信用报告上，当这些记录数量较多或金额较大时，可能在你申请信用卡或贷款时，金融机构会认为你的信用意识不强或还款习惯不好而拒绝给你贷款或降低贷款的额度。这就会给你带来很大的麻烦。

当你去银行申请贷款时，银行的工作人员就会在您的授权下查询你的信用记录。如果记录显示有借款未及时归还、有费用没有按时缴清，你申请新的贷款可能就会批不下来，毕竟赖账的人是不受欢迎的。如果信用记录良好，你就能够更顺利地获得贷款，甚至还能获得一些优惠。

当然，对于银行来说，信用记录只是进行贷款审查与管理的重要参考，而不是唯一的依据。银行还会通过其他渠道对个人的信用状况进行全面调查和核实。

个人信用的出现是很有必要的，它也是金融信用的一个重要组成部分。比如在借贷时，你告诉对方自己是个很有信用的人，尽管你信誓旦旦，可是空口无凭，对方仍然无法相信你，因此判断一个人讲不讲信用得看他的实际行动。而行动需要客观记录，没有记录，人们就无从了解他的过去，也就无从判断他的将来。

个人征信系统里，就客观地记录着一个人过去的信用活动，它主要包括三类信息：第一类是基本信息，包括个人的姓名、证件号码、家庭住址、参加社会保险和公积金等信息；第二类是个人的信用活动信息，包括贷款、信用卡、担保、电信缴费、公共事业缴费等信息；第三类则是个人的公共信息，包括欠税、法院判决等信息。

在我们国家，个人信用还处在刚刚起步的阶段，但在信用体系发达的国家，个人信用记录应用非常广泛，在贷款、租房、买保险甚至求职时都会用到。一份良好的信用记录会给个人带来许多实惠，他可以享受到更低的贷款利率，获得更高的信用额度，可以更加方便地办理各种手续。由此，信用也变成了一笔切切实实的财富。

第3章

银行简史

银行是商品货币经济发展到一定阶段的产物。

银行是金融机构之一，银行按类型分为：中央银行、商业银行、投资银行、政策性银行、世界银行。它们的职责各不相同。

从钱币兑换商到银行

现代意义的银行，按照《中华金融辞库》的解释是"经营存款、贷款、汇兑、结算等业务，充当信用中介和支付中介的金融机构"。不过，银行在起源阶段的功能却非常简单。

"银行"在英语里是"bank"，来源于意大利语的"板凳"banco。古代的欧洲，大多是小国寡民，一国一种钱币。做生意的人在各国跑来跑去，就要不断兑换钱币，于是在街头就出现了坐在板凳上专门为人兑换钱币的小贩、摊桌，挣个过手费，他们就是最初的"银行家"。所以，银行一词在西方各种语言里都是相通的，法语是banque，德语是bank，西班牙语是banco，俄语是банк。不过，古代这些所谓的"银行"仅仅是钱币兑换商而已。

文艺复兴时期前后，欧洲的银行家、商人、教会逐渐结合起来，开拓了资金融通的新领域，除了兑换，借贷、汇兑、票据等各项业务也发展起来，真正的银行出现了。因为商业资本的发展，一些银行开始允许某些票据进入流通，但是票据流通有很大的局限性，比如有时间限制、地域限制，要付利息，甚至可能还有贴水，在转让之际，需要被转让方认可这些利息、期限、贴水之类的附加条件。

1661年，一个叫帕尔姆斯特鲁克的瑞典人想发行一种没有期限、没有利息、可以随时兑现的票券，以便流通，于是他创办了斯德哥尔摩银行，发行了世界上第一张银行券。从此，发行钞票的银行模式在世界上流行开来。

在中国的古代，却不存在银行发展的这种条件。有两种以上的钱币是钱币兑换商存在的前提。明朝以前，中国基本上是单一使用铜钱的国家，在地域广大的国土中使用一种统一的货币，不存在兑换问题。明朝中期以后，白银成为国家法定货币，大宗贸易和缴纳国家税赋要用白银，民间小额流通却是使用铜钱，银铜之间就有了兑换的需求，中国的钱币兑换业也就应运而生，只是这种兑换业务最终没有发展成为近代的银行。

现代银行业的分工是很细致的，如商业银行、中央银行、政策性银行、投资银行等划分。最初的货币兑换业务大都保留在商业银行中。

虽然东西方对商业银行的提法不一样，但是对商业银行这一概念大致可理解为：商业银行是以经营工商业存、放款为主要业务，并以获取利润为目的的货币经营企业。

请注意上述定义中的几个要点：第一，商业银行是一个信用授受的中介机构；第二，商业银行是以获取利润为目的的企业；第三，商业银行是唯一能提供"银行货币"（活期存款）的金融组织。

混业、分业与投资银行

2008年是华尔街的多事之秋。2008年9月15日至21日是华尔街历史上最黑暗的一周。雷曼兄弟申请破产保护、美林被美洲银行收购、摩根士丹利与高盛宣布转为银行控股公司。再加上2008年3月被摩根大通收购的贝尔斯登，曾经风光无限的华尔街五大投资银行集体消失。对于熟悉美国金融体系的专业人士来说，如此巨变可谓"天翻地覆"！

那么，投资银行在整个金融生态链中处于什么地位呢？

投资银行家经常被描述是这样一群人：他们的鞋是白色的，"血"是蓝色的，戒指是祖母绿的，皮鞋是意大利定制的；他们每周去圣公会教堂做礼拜，坐在第一排；除了手工制作的深色西装和燕尾服，从不穿别的衣服……他们是金融领域内的贵族，就如同投资银行在金融界的地位一样。

投资银行其实是一个美国词汇，在其他的国家和地区，投资银行有着不同的称谓：在英国被称为"商人银行"，在其他国家和地区则被称为"证券公司"。需要指出的是，虽然都被称为"银行"，商业银行与投资银行其实是两种不同的金融机构。在传统的金融学教科书里，"银行"是经营间接融资业务的，通过储户存款与企业贷款之间的利息差距赚取利润；而投资银行却是经营直接融资业务的，一般来说，它既不接受存款也不发放贷款，而是为企业提供发行股票、债券或重组、清算业务，从中抽取佣金，其区别于商业银行的特征是风险不隔离。

　　但是让很多投资人感到好奇的是，投资银行是怎样来的呢？

　　在美国，投资银行往往有两个来源：一是由综合性银行分拆而来，典型的例子如摩根士丹利；二是由证券经纪人发展而来，典型的例子如美林证券。

　　美国投资银行与商业银行的分拆发生在1929年的大崩盘之后的1933年，当时联邦政府认为投资银行业务有较高的风险，禁止商业银行利用储户的资金参加投行业务，结果一大批综合性银行被迫分解为商业银行和投资银行，其中最典型的例子就是摩根银行分解为从事投资银行业务的摩根士丹利以及从事商业银行业务的JP.摩根。随着美国经济、金融形势的变化以及信息技术的进步，1999年新出台的《金融服务现代化法案》（《Gramm-Leach-Bliley法案》）撤销了《格拉斯-斯蒂格尔法案》中商业银行和投资银行分业经营的条款。

　　欧洲投资银行和商业银行一直混业经营，所以形成了许多所谓的"全能银行"（Universal Bank）或商人银行（Merchant Bank），如德意志银行、荷兰银行、瑞士银行、瑞士信贷银行等等。有趣的是，这样做在欧洲不但没有引起金融危机，反而在一定程度上加强了融资效率，降低了金融系统的风险。

　　混业的优点是可以产生相对高的效率，缺点是利益冲突和风险控制。1933年之后的60多年里，金融业应该混业还是分业的观点一直未能得到高度统一，直到美国在1990年代开放了混业以后，混业的观点依然未能在全球范围得到一致认可。

　　投资银行以其强大的盈利能力而为世人所瞩目。以最常见的股票发行业务为例，投资银行一般要抽取7%的佣金，也就是说，如果客户发行价值100亿美元的股票，投资银行就要吃掉7亿美元。

在公司并购业务中，投资银行同样大赚特赚。19世纪80年代以来，美国至少经历了四次公司并购浪潮，这就为投资银行提供了相当可观的收入来源。近年来欧美动辄发生价值几百亿甚至几千亿美元的超级兼并案，如美国在线兼并时代华纳、沃达丰兼并曼内斯曼、惠普兼并康柏等，背后都有投资银行的推波助澜。因为兼并业务的技术含量很高，利润又很丰厚，一般被认为是投资银行的核心业务，从事这一业务的银行家是整个金融领域最炙手可热的人物。

还要重点指出的是，投资银行独特的商业模式也是其获得高额盈利的重要原因。首先，投资银行以批发业务为主。除了经纪业务，投资银行业务基本上都属于批发业务。其次，投资银行则以知识密集型业务为主。从本质上讲，投资银行属于金融咨询业。金融咨询不但是一项独立的投资银行业务，而且是其他投资银行业务的智力基础。例如，要想协助发行体发行证券，首先需要协助其设计证券，这就需要进行全面、深入地研究、分析。事实上，研究、分析能力，而不是资金、销售实力，才是投资银行的核心竞争力之所在。当然，资金、销售实力同样不可忽视。例如，要想协助公司进行并购，还需要协助其进行必要的市场操作。这就需要充足的资金和销售实力。然而，无论是证券承销、证券交易，还是公司并购，都离不开投资银行家的运筹帷幄。对于长袖善舞的投资银行家来说，融资、推销等市场操作并不是什么难题。

当我们说到投资银行时，总会想到高盛、摩根士丹利等，其实中国也有投资银行，只不过叫法不同而已。在日本和中国，具备投资银行职能的金融机构被称为"证券公司"，它们除了为企业承销股票和债券、负责企业兼并重组及破产清算事宜之外，还负担着证券分析和证券经纪人的角色。日本最大的证券公司如东洋证券，中国最大的证券公司如申银万国，既为企业融资充当经纪人，又为大小投资者买卖股票充当经纪人。因此，中国的大型证券公司实际上就相当于美国的投资银行，只是人们往往没有注意到这一点而已。

2008年3月美国第五大投资银行贝尔斯登因濒临破产而被摩根大通收购近半年之后，华尔街再次爆出令人吃惊的消息：美国第三大投资银行美林证券被美国银行以近440亿美元收购，美国第四大投资银行雷曼兄弟因为收购谈判"流产"而破产。华尔街五大投行仅剩高盛集团和摩根士丹利公司。美国联邦储备局于2008年9月21日深夜宣布，批准美国金融危机发生后至今幸存的最后两大投资银行高盛和摩根士丹利"变身"，转为银行控股公司。这个消息也意味着，独立投资银行在华尔街叱咤风云超过20年的黄金时代已宣告结束，美国金融机构正面临上世纪30年代经济大萧条以来最大规模和最彻底的重组。

投资银行的黄金时代已经结束了。未来，投资银行又将走向何方呢？客户的金融服务需求是无止境的，投资银行是否有卷土重来的一天呢？这留待金融史书写新的篇章。

战争催生的中央银行

中央银行，是国家最高的货币金融管理组织机构，在各国金融体系中居于主导地位。国家赋予其制定和执行货币政策，对国民经济进行宏观调控，对其他金融机构乃至金融业进行监督管理权限，地位非常特殊。

英格兰银行是英国的中央银行，也是世界上最早的中央银行，它负责召开货币政策委员会（MPC），对英国国家的货币政策负责。苏格兰银行的出现与17世纪末欧洲的战争有直接的关系。

17世纪时，欧洲大陆和英吉利海峡一直笼罩在接连不断的战火之中，战争成为所有欧洲国家面临的最严峻的考验。每一个欧洲国家都面临着其他国家的战争威胁，而军队的建设和战争的消耗，都必须要有庞大的军费来支撑。在16世纪打一场战争需要几百万英镑，到17世纪末，则需要几千万英镑。当时最富裕的国家(如西班牙和荷兰)都无法靠正常的财政收入和投资回报来应付巨额的战争开支，欧洲各国的君主们为了打仗不得不四处借钱。

当时的英国国王詹姆斯二世也面临着同样的问题。为了扩大军队规模和筹措战争费用，詹姆斯二世与英国议会之间发生了激烈的冲突。在这种背景下，1688年英国发生了著名的"光荣革命"，这场革命的结果是，支持议会的辉格党人与托利党人废黜了英国国王詹姆士二世，并邀请詹姆士二世的女儿玛丽公主和时任荷兰执政的女婿威廉夫妇共同担任英国国王。因为这场革命未发一枪、没有流血，史学家称之为"光荣革命"。

光荣革命在英国产生了一个前所未有的变化：从此以后，国王由议会批准产生，国王必须在议会的监督下行使权力，这意味着君权从"神授"变成了"民授"，它根本性地改变了在英国已经存在了千年之久的王权性质。

从1688年起，英国正式确立了议会高于王权的政治原则，并逐步建立起君主立宪制。议会还立法规定，公民的私有财产神圣不可侵犯，国王向人民的借钱也必须归还。而在此之前，国王可以肆无忌惮地向人民借钱，而且可以不受约束地赖账。

1689年英国开始卷入了同法国长达百年的战争，所有英国有钱人，都非常关注这场旷日持久的战争。尽管当时伦敦的民间借贷非常活跃，但他们不太愿意借钱给王室。虽然英国议会规定国王向人们借钱必须归还，可是谁能保证这一点呢？所以直到战争开始的时候，英国王室都没有筹到什么钱。时任英国财政大臣的蒙泰古从荷兰阿姆斯特丹银行的运作经验中受到启发，他提议成立一个贷款机构，专门负责为国家筹款。这个想法立即得到了英国议会和威廉三世国王的赞同。

经过一番紧锣密鼓的筹备，1694年英格兰银行诞生了。为了增强人们对英格兰银行的信心，英国议会专门颁布了《英格兰银行法》，英国王室也向英格兰银行颁发了的皇家特许执照。英格兰银行从一开始就采用了股份制的运作模式，英国人当时对股份制已经具有相当的认识。精明的伦敦商人一下子就看出了这其中的巨大商机。短短11天内，1286个伦敦商人以黄金和白银的形式向英格兰银行提供了120万英镑的股本金。随即英格兰银行将这

120万英镑的资金全部借给了英国国王，并约定年利率为8%。

英格兰银行成立之前，英国社会上流通的货币主要是金币和银币。1694年英格兰银行开始发行纸币——英镑。但那时的英镑还不能算真正的货币。当时的英镑相当于一种支票，因为当时主要是黄金在流通，英镑只是记录黄金的单位，本身没有价值。在电影《百万英镑》里，我们可以知道一张英镑的纸币可以签发成一百万，它可以随时兑换成金币或黄金。直到1742年，英格兰银行才开始具有了发行钞票的特权，但它却并不是唯一的发钞行，因为其他大大小小的银行只要有相应的黄金储备，都可以发行流通货币。

内幕重重的美联储

1907年，美国经济出现了一些问题，大公司一个接一个倒闭。西奥多·罗斯福总统命人赶快去请金融巨头摩根，让他出面请求银行家们合作。摩根立刻把所有的银行家请到自己的私人图书馆里，让他们商量该怎么办。然后他出去，把门锁上，自己到另一间房子里，坐在桌前悠闲地玩纸牌，等待着谈话的结果。这些银行家们一整夜都在那儿谈，究竟怎么办才能解救这场危机。大家知道，当企业要倒闭时，银行是不愿借钱给企业的。越没有钱，企业倒闭得就越快。如果银行见死不救的话，经济就会呈现连锁反应，整个经济就会崩溃，他们自身也会遭殃。于是这些银行家们争来争去，有人说出500万元，有人说1000万元。最后快到天亮的时候，摩根推门进去说："这是合约，这是笔，大家签字吧！"他拿出早已让别人起草好的合约，让银行家们签字。这些筋疲力尽的银行家们拿起笔在合约上签了字，同意出2500万美元去解救这场危机。几天后，美国经济就恢复了。

故事中，摩根一个人充当了中央银行的角色。而现在有一种观点：美国的中央银行美联储其实是一家私人的银行。这确实是一个惊人的内幕，一家私人机构拥有货币发行权，这对金融市场乃至全球金融市场意味着什么？美联储与华尔街巨头之间是怎样的关系？有没有什么幕后不为人知的秘密？

那么美联储到底是怎样一个机构呢？

20世纪初的时候，美国还没有中央银行，那时美国的商业银行经常出现支付危机。因为银行把钱都贷出去了，当储户来取钱的时候，他们没钱支付。一家银行如果没有钱的话，风声一旦传出，其他银行的门前就会排起长队，大家都去提款。因为所有的人都害怕明天取不出钱来了，如果大家都去取，钱就真的取不出来了，这就是挤兑。说起中央银行，并不是说自从有了从事存贷款业务的商业银行那天起就同时有了中央银行。中央银行的出现有一个过程，也是有原因的。

美国建国之后的1791年，在当时的财政部长、天才式人物汉密尔顿的强烈支持下，第一个中央银行成立，但是这家央行在20年后就消失了。这就是第一合众国银行，总股本1000万美元，私人拥有80%，美国政府拥有20%。在25人组成的董事会中20人由私人股东推举，5人由政府任命。1811年第一合众国银行到期，美国政府否决了授权延期的议案。此后，1812年爆发了美国与英国的战争，持续三年的战争增大了美国的财政压力。1816年，第二合众国银行成立，同样得到了20年的营业授权，总股本3 500万美元，仍然是80%由私人占有，20%属于政府。1832年美国总统杰克逊否决了第二合众国银行延期的议案。从那以后一直到1913年的近80年间，美国的经济都是在没有央行的情况下运行的。

缺少了央行，就无法动用适当的货币政策调节经济，并且，没有了最后的贷款人，金融系统也更容易出问题。试想一下，如果世界各国缺少了央行，本次危机中破产的恐怕将远远不止雷曼兄弟这一家。1836年后美国经济，正是处在这种不稳定的状态下。到了1907年，蔓延的危机把美国的金融系统推向了崩溃的边缘。好在当时的金融巨头摩根及时出手，凭借一人之力，扮演了央行的角色，挽救了整个系统。

1907年，银行恐慌再次袭击美国。而且，这次危机的严重程度前所未有。这一次，摩根挺身而出，力挽狂澜。1907年银行危机对美国的打击异常沉重，也让美国很多人认识到，美国需要一个中央银行。在没有中央银行的这些年中，摩根一个人起了中央银行的作用。联邦政府没钱了，找他解决问题；华尔街出了问题，找他要资金；大公司出了问题，也来找他帮忙。摩根的作用如此之大，以至于1910年2月2日出版的一个刊物封面就是约翰·摩根，旁边的大标题就是"建立中央银行？摩根大叔已经干起了中央银行的活，美国还用得着再建一个中央银行吗？"

1913年美联储成立了，首先它没有国家银行那样冠冕堂皇的名字；其次，它的总部设立在政治中心华盛顿，并且拥有12家地区分支机构，政府拥有主席和理事的提名和任命权。这里有两个要点：第一，政府已经不再拥有前两任央行那样20%的股份，它是由12家联邦储备银行构成的，这些银行是联邦特许股份公司，每家银行都有自己的股东、董事和总裁。每家银行的股东都是储备银行所在地区的成员银行，他们有权选举9名董事中的6名。每家成员银行都需要购买等同于其资产和净资产的3%的股票额。第二，美联储法案里根本没说授权期限问题，人们不再需要为了授权期限到期而再去争吵。

不管怎么说，这样的事实是无法否认的：美联储是股份公司，而拥有股份的并不是美国政府，政府只是拥有美联储理事的提名和任命权，而因此引起的种种问题也让人难以回答：

其一，我们知道货币发行权属于一国央行所有，而美国宪法明确规定国会拥有货币发行权，那么现在改由私有的美联储来执行货币发行权，是否在本质上符合美国宪法？这个问题的争论曾经导致第一、二合众国银行被关闭，这意味着这种讨论不是没有价值。

其二，在美元本位之下，美联储不仅是美国的央行，甚至还是全世界的央行。但没有任何国际机构对美联储的行为进行监管，私有本质对美联储在全球金融市场上发挥作用有没有影响？

其三，历届美联储主席，全部由犹太人担任，这是巧合还是人为的安排？

即使是在崇尚言论自由和民主平等的美国，要将美联储的秘密公之于众似乎也是徒劳的，因此关于"共济会""罗斯柴尔德家族""金权天下"等的阴谋论观点就长期笼罩在美联储之上，挥之不去。

中央银行的货币政策

早在1913年，美国就建立了联邦储备体系，承担着中央银行职能，但当时的国会却不给拨款，所以联邦储备体系只好自谋生路。最开始，联邦储备银行通过向会员银行发放贴现贷款赚取利息，但由于1920年到1921年间的经济衰退，贴现贷款数额急剧减少，联邦储备体系不得不另辟生财之道，于是开始购买债券，赚取利息。久而久之，美联储发现，当它从商业银行那里买进债券时，商业银行手里的准备金就增加了，经过存款创造机制，它们的存款规模成倍扩张，货币供应量增大了。由此美联储意识到，它找到了一个调节货币供应量的简单而有效的工具。到20世纪20年代末，这一工具已经成为美联储的重要"法宝"。直至今日，它依然是各国中央银行最常用的一种货币政策工具。

这里美联储所用的货币政策工具就是公开市场操作，它也是中央银行调节经济体系的三大法宝之一。那么三大货币政策工具都是指什么？它们又是怎样对经济体系发生作用的呢？

中央银行在金融生活中起到的作用非常大，它会运用一般性政策工具从总体或全局的角度，对货币和信用进行调节和控制，从而对经济体系产生普遍影响。这类政策工具主要有三个：公开市场操作、再贴现政策和法定准备金率。人们习惯上将其称为中央银行货币政策的"三大法宝"。

公开市场操作。公开市场操作是指央行在金融市场上买卖有价证券（如国债）的活动。当央行买进有价证券时，向出卖者支付货币，从而增加了流通中的货币量。反之，则减少货币量。公开市场业务最大的优点，是央行可以经常运用它，对经济进行微调，操作灵活方便，对经济的震动小。所以，从20世纪50年代起，美联储90%的货币吞吐通过公开市场业务进行，德、法等国也大量采用公开市场业务调节货币供应量。

让我们分析一下这种政策工具的使用价值。一般来说，当经济繁荣、过多的货币追逐有限商品的时候，中央银行通过卖出有价证券以减少商业银行的准备金，进而迫使商业银行减少或收回贷款，最终达到回笼货币的目的。反之，当经济萧条、市场资金匮乏时，中央银行公开买进证券，从而使金融市场货币供给充足。在当代开放经济条件下，随着资本流动的增加和外汇市场的扩展，中央银行的外汇市场操作、干预外汇市场的行为也会影响到货币数量和供给。因此，公开市场业务包括中央银行的外汇市场操作。但公开市场操作有效地发挥作用，需要一些重要的前提，比如央行要有雄厚的实力、利率要实行市场化、国内金融市场发达、可供操作的证券种类齐全等。

再贴现政策。再贴现政策主要指货币当局变动自己对商业银行所持票据再贴现的贴现率，影响贴现贷款数量和市场利率，从而对货币供应产生影响以实现货币政策预期目标；现在已扩及对商业银行各种信用支持的利率。如果您持有还没到期的票据，但又急着用钱，就可以把票据转让给商业银行获得现款，代价是贴付一定利息，这就叫贴现。可商业银行也有周转不开的时候，它也可以把手中未到期的票据暂时"卖"给中央银行，这就叫再贴现。商业银行也得向中央银行支付一定利息，这个利率就叫再贴现率。这点我们在第十章还将再讲到。当中央银行降低再贴现率的时候，商业银行发现从中央银行再贴现借钱比较划算，就会更多地申请再贴现。这样一来，中央银行的基础货币投放增加了，货币供应量自然也会增加。而且，再贴现利率的降低也会最终带动其他利率水平的下降，起到刺激投资和增长的作用。反过来，中央银行也可以提高再贴现率，实现相反的意图。

再贴现的确是个妙用无穷的法宝，它不但能调控货币总量，还能调整结构。比如，中央银行规定哪些票据可以被再贴现，哪些机构可以申请再贴现，这样分门别类、区别对待，使得政策效果更加精确。

法定准备金率。法定存款准备金政策是一剂猛药，它是指中央银行通过调整法定存款准备金比率，来影响商业银行的信贷规模，从而影响货币供应量的一种政策措施。从理论上讲，有了存款准备金，商业银行创造存款的能力就受到限制。存款准备金率越高，商业银行创造存款的能力就越弱；相反，存款准备金率越低，商业银行进行存款创造的能力就越强。这是为什么呢？如果提高法定存款准备金率，商业银行就必须多向中央银行缴纳准备金，能够用来发放贷款的资金就少了，创造派生存款的能力就变弱了，货币供应量则会成倍地减少。反过来，如果下调法定存款准备金率，商业银行创造存款的能力就会大大增强，货币供应量也会成倍增加。

1999年3月，我国人民银行将存款准备金率降了两个百分点，商业银行一下子便多出了2 000多亿元的可用资金。1998年，中国人民银行改革再贴现率生成机制，在内需不足的情况下，三年时间里连续四次调低再贴现率，使商业银行和企业有了大量的活钱可用。以上两项大动作，大大增加了货币供应量，对刺激投资、拉动经济，作用不可低估。但是，药猛伤身，正由于存款准备金率和再贴现率对一国金融影响至深，所以，不到重要关头，中央银行并不轻易动用。

从上面的分析中我们可以看到，这三个政策工具各有优势：公开市场操作胜在灵活，它的主动权操之于中央银行，并且较准确，易于改变方向，无政策拖延能迅速实施。因此，公开市场操作是中央银行控制基础货币和货币供应的主要工具。

而贴现政策在影响基础货币和货币供应方面虽然不及公开市场操作，但是贴现政策作为最后贷款人以防止金融恐慌有重要的作用。例如，美联储在1974年向富兰克林国民银行和1984年向大陆伊利诺斯国民银行及时提供大额贴现贷款，避免了这两家银行由于存款人挤兑而发生破产从而引起其他银行的挤兑现象出现而引起金融恐慌。但是由于挽救成本的存在，美联储在发挥其作为最后贷款人的角色时，也需在道德风险成本和防止金融恐慌的益处之间作出权衡。贴现政策还可以用作表明中央银行货币政策意图的一种信号。

法定准备金率的优点就是它的操作对银行体系能够产生普遍而平等的影响效果，并且对货币供应量有很强的收缩或者扩张作用。但是，微小的法定准备率会引起多倍的存款创造，政策上不宜经常使用。并且，对超额储备很低的银行，提高准备金率可能立即引起流动性问题。

俗话说，尺有所短，寸有所长。央行的货币政策工具，只有合理搭配，才能取得令人满意的调控效果。比如央行试图提高再贴现率控制信用膨胀，有些商业银行却会通过同行拆借、发行票据、国外市场筹资等获得资金，而无须向央行求借。如果央行辅以公开市场业务，以市场上低价卖出证券，则商业银行便会见利而购，紧缩性货币政策目标便得以实现。

除了这三大法宝之外，还有一些非常规武器，被称作选择性政策工具和补充性政策工具。高居金融金字塔顶端的中央银行，若能娴熟地运用货币政策工具，便可收放自如，处变不惊了。

政策性银行的发展

说起政策性银行，可能很多人都会感到陌生。政策性银行就是指那些由政府创立、参股或保证的，不以营利为目的，专门为贯彻、配合政府社会经济政策或意图，在特定的业务领域内，直接或间接地从事政策性融资活动，充当政府发展经济、促进社会进步、进行宏观经济管理工具的金融机构。

最早的政策性银行是二战后的德国复兴开发银行。第二次世界大战后的德国民生凋敝百废待兴，人民急需重建家园。为了筹集巨额重建资金，1948年，德国政府出资10亿马克组建德国复兴开发银行（KFW）。德国复兴开发银行成立以后，立即通过发行中长期债券筹措巨额款项，为德国人民在废墟上重建家园提供了大量资金。德国复兴开发银行为战后德国的复兴立下了汗马功劳，它也因此与美丽的莱茵河一样闻名遐迩。

很多国家都设有政策性银行，而且种类较为全面，构成了一个较为完整的政策性银行体系，如日本著名的"二行九库"体系，包括日本输出入银行、日本开发银行、日本国民金融公库、住宅金融公库、农林渔业金融公库、中小企业金融公库、北海道东北开发公库、公营企业金融公库、环境卫生金融公库、冲绳振兴开发金融公库、中小企业信用保险公库；韩国设有韩国开发银行、韩国进出口银行、韩国中小企业银行、韩国住宅银行等政策性银行；法国设有法国农业信贷银行、法国对外贸易银行、法国土地信贷银行、法国国家信贷银行、中小企业设备信贷银行等政策性银行；美国设有美国进出口银行、联邦住房信贷银行体系等政策性银行。中国的三大政策性银行分别是中国进出口银行、国家开发银行、中国农业发展银行。

政策性银行与商业银行有何不同呢？

商业银行普遍存在着嫌贫爱富的利益偏好，银行家是最善于锦上添花，不喜欢雪中送炭的，这导致弱势群体缺少发展机会，也难以实现公平、平等和共同富裕的发展目标。在经济发展中，也常常存在一些商业银行从盈利角度不愿意考虑不愿融资的领域，或者其资金实力难以达到的领域。这些领域通常包括那些对国民经济发展、社会稳定具有重要意义，投资规模大、周期长、经济效益见效慢、资金回收时间长的项目，如农业开发项目、重要基础设施建设项目等。而国家为了扶持这些项目，往往实行各种鼓励措施，各国通常采用的办法是设立政策性银行，专门对这些项目进行融资。

在现代市场经济条件下，商业性金融和政策性金融相互补充、相互配合，共同构成一个国家或地区完整的、均衡的、稳定的、高效的、统一的金融体系。商业性金融在促进经济发展、推动社会进步中发挥着极为重要的作用，政策性金融也同样在优化资源配置、均衡经济增长、构建和谐社会中发挥着商业性金融不可替代的功能。

世界银行简史

世界银行（WBG）是世界银行集团的俗称，"世界银行"这个名称一直是用于指国际复兴开发银行（IBRD）和国际开发协会（IDA）。这些机构联合向发展中国家提供低息贷款、无息信贷和赠款，是一个国际组织。

1946年6月25日，世界银行开始运行。1947年5月9日它批准了第一批贷款，向法国贷款2.5亿美元，转换为今天的价值，这依然是世界银行提供的数额最大的一批贷款。

世界银行的目的本是帮助欧洲国家和日本在二战后的重建，此外它还辅助非洲、亚洲和拉丁美洲国家的经济发展。起初，世界银行的贷款主要集中于大规模的基础建设如高速公路、飞机场和发电厂等。日本和西欧国家"毕业"（达到一定的人均收入水平）后，世界银行完全集中于发展中国家。从1990年代初开始，世界银行也开始向东欧国家和原苏联国家贷款。

需要注意的是，"世界银行"仅指国际复兴开发银行（IBRD）和国际开发协会（IDA）。"世界银行集团"则包括IBRD、IDA及三个其他机构，即国际金融公司、多边投资担保机构和解决投资争端国际中心。这五个机构分别侧重于不同的发展领域，但都运用其各自的比较优势，协力实现其共同的最终目标，即减轻贫困。

世界银行的工作经常受到非政府组织和学者的严厉批评，有时世界银行自己内部的审查也对其某些决定予以质疑。往往世界银行被指责为美国或西方国家施行有利于它们自己的经济政策的执行者。此外，往往过快、不正确地、按错误的顺序引入的或在不适合的环境下进行的市场经济改革，对发展中国家的经济反而造成破坏。世界银行的真正掌控者是世界银行巨头，他们最终的目的是追逐利润，现在的状况可以说是一个妥协的结果。

每个政府都可以自己决定成为世界银行集团中某些组织的成员。目前世界银行有184个成员政府，其他机构有140到176个成员政府不等。世界银行集团的所有组织都由一个由24个成员组成的董事会领导，每个董事代表一个国家（重要的负钱国）或一组国家。董事由该国或国家群任命。世界银行也作为联合国全球环境基金的执行机构。其总部在华盛顿哥伦比亚特区，它是一个非营利性的国际组织，其成员国拥有其所有权。

从技术上说，世界银行是联合国的一部分，但它的管理结构与联合国相差很大：每个世界银行集团的机构的拥有权在于其成员国政府，这些成员国的表决权按其所占股份的比例不同。每个成员国的表决权分两个部分：第一个部分是所有成员国相同的，第二个部分按每个成员国缴纳的会费而不同，因此虽然世界银行的大多数成员国是发展中国家，但它主要受发达国家控制。这个结构始终受到批评。批评家认为一个更民主的管理方式可以更加符合发展中国家的需要。2004年11月1日美国拥有16.4%的表决权，日本7.9%，德国4.5%，英国和法国各4.3%。由于任何重要的决议必须由85%以上的表决权决定，美国一国可以否决任何改革。

近年来，世界银行开始放弃它一直追求的经济发展而更加集中于减轻贫穷。它也开始更重视支持小型地区性的企业，它意识到干净的水、教育和可持续发展对经济发展是非常关键的，并开始在这些项目中投巨资。作为对批评的反应，世界银行采纳了许多环境和社会保护政策来保证其项目在受贷国内不造成对当地人或人群的损害。虽然如此，非政府组织依然经常谴责世界银行集团的项目带来环境和社会的破坏以及未达到它们原来的目的。

第4章

证券保险简史

　　银行、保险、证券为现代金融业的三大支柱。在讲述了银
行业的简史之后，这一章来考察证券和保险的历史。

股票简史

当今社会，炒股几乎成了一种全民性的投资方式。"今儿您的股票升了么？"成为很多人见面的第一句话。

股票究竟是个什么东西，竟然让那么多人追捧？

要想对股票有个大致的了解，我们首先要了解一下股票的来源。股票是社会化大生产的产物，迄今已有四百余年的历史，它伴随着股份公司的出现而出现。

1602年，荷兰联合东印度公司成立，荷兰人把所有类似于莎士比亚经典作品《威尼斯商人》中的安东尼奥那样的商人联合起来，成立股份制公司，目的是共同承担航海风险。为了募集更多的资金，荷兰联合东印度公司还向全社会融资，每个人只要手头有闲钱，都可以去东印度公司，在小本子上记下自己出了多少钱，公司则承诺有收益就按比例给大家分红。农夫、小作坊工人、渔民……几乎每一个荷兰人都去购买这家公司的股票。

由于缺乏流通性，大家就想出进行股票买卖的交易，于是成立了最初的股票交易所。荷兰东印度公司是世界上第一家公开发行股票的公司，而安东尼奥甚至包括市长的女佣就是最初的股东的雏形，也就是股民的雏形。

世界上最早的股份有限公司制度诞生于1602年，即在荷兰成立的东印度公司。股份有限公司这种企业形态出现以后，很快为资本主义国家广泛利用，成为资本主义国家企业组织的重要形式之一。伴随着股份公司的诞生和发展，以股票形式集资入股的方式也得到发展，并且产生了买卖交易转让股票的需求。这样，就带动了股票市场的出现和形成，并促使股票市场完善和发展。据文献记载，早在1611年就有一些商人在荷兰的阿姆斯特丹进行荷兰东印度公司的股票买卖交易，形成了世界上第一个股票市场，即股票交易所。

股票的历史轨迹，可以简述如下：

最早的股份联合公司——1600年由英国女王伊丽沙白一世特许成立的东印度公司。最初投资者按一次航程筹集资金，每次航程结束后进行结算，股东收回自己的股本和利润。

第一个永久性股份公司——1602年，荷兰组建的东印度公司，首次在全国筹集6500万荷兰盾，选举董事60名。

最早的股份银行——1694年，英国由国会通过法案核准成立的英格兰银行，该行股东给政府贷款120万英镑，享有银行券发行权。

第一个股票交易所——据文献记载，1611年一些商人在荷兰的阿姆斯特丹进行荷兰东印度公司的股票生意，形成世界上第一个股票交易所。

美国第一个证券交易所——1754年，一批证券买卖商在费城成立经纪人会，随着证券的发行和交易额的扩大，于1790年正式成立"费城证券交易所"。

　　英国第一个证券交易所——1773年在伦敦紫思胡同的约那森咖啡馆中，股票商正式组织了英国第一个证券交易所，即当今"伦敦证券交易所"的前身。

　　美国政府发行的第一批债券——美国独立战争中美国政府负债7500万美元，独立后又借新款，为了不失信于民，政府以公司债券的形式担负起这笔巨额债务，成为美国的第一批国债。

　　世界第一家最大的股份公司——1901年创立的美国钢铁公司，当时吞并企业700家，拥有股金资本14亿美元。

　　经营国际性证券最大的国际银行——美国花旗银行。1980年该行在国外92个国家设立分支机构达1300多个，相当于当今日本全国在外分支机构的3倍，国际业务收入占美国十大银行总收入30%。花旗银行和美洲银行是美国也是世界的两家最大的国际性银行。

　　当今世界最大的证券交易所——伦敦、纽约、东京三家证券交易所，构成全球性24小时不间断连续交易的世界证券市场体系。伦敦证券交易所为首的欧洲债券市场每年发行总额1400亿美元左右；纽约证券交易所每天平均交易量为1亿4千万股；东京证券交易所全年对外证券投资总额已突破500亿美元大关。

　　明末清初，股票在中国出现。当时，一些大富商采用了"集资联营、合股经营"的策略，成为中国最早的股票雏形。1916年，孙中山和虞洽卿共同建议组织上海交易所股份有限公司，并拟定具体规章制度，见证了股票在中国的发展。1920年6月，中华民国农商部批准在上海设立证券物品交易所。1920年7月1日，上海证券交易所开业，证券交易标的分为有价证券、棉花等7类。这就是近代中国最早的股票交易。

1990年12月19日，上海证券交易所正式开业；1991年7月3日，深圳证券交易所正式开业。这两家交易所的成立标志着中华人民共和国证券市场的形成，并在以后的发展中日臻完善。

随着改革开放的深入，我国股票市场在不断地发展与完善，参与股票投资的投资者日益增多，股票投资已成为一种逐渐被人们接受的理财手段，而股票自然而然也成为了人人关心的热门话题。

经济周期与股市

经济周期(Business cycle)也称商业周期、商业循环、景气循环，它是指经济运行中周期性出现的经济扩张与经济紧缩交替更迭、循环往复的一种现象。是国民总产出、总收入和总就业的波动。

在市场经济条件下，企业家们越来越多地关心经济形势，也就是"经济大气候"的变化。一个企业生产经营状况的好坏，既受其内部条件的影响，又受其外部宏观经济环境和市场环境的影响。一个企业，无力决定它的外部环境，但可以通过内部条件的改善，来积极适应外部环境的变化，充分利用外部环境，并在一定范围内改变自己的小环境，以增强自身活力，扩大市场占有率。因此，作为企业家对经济周期波动必须了解、把握，并能制订相应的对策来适应周期的波动，否则将在波动中丧失生机。

经济周期的特征：

（1）经济周期不可避免。

（2）经济周期是经济活动总体性、全局性的波动。

（3）一个周期由繁荣、衰退、萧条、复苏四个阶段组成。

（4）周期的长短由周期的具体性质所决定。

经济学家将经济周期分为四个阶段：衰退、复苏、过热和滞胀。每一个阶段都可以由经济增长和通胀的变动方向来唯一确定。我们相信，每一个阶段都对应着表现超过大市的某一特定资产类别：债券、股票、大宗商品或现金。

在衰退阶段，经济增长停滞。超额的生产能力和下跌的大宗商品价格驱使通胀率更低。企业盈利微弱并且实际收益率下降。中央银行削减短期利率以刺激经济回复到可持续增长路径，进而导致收益率曲线急剧下行。债券是最佳选择。

在复苏阶段，舒缓的政策起了作用，GDP增长率加速，并处于潜能之上。然而，通胀率继续下降，因为空置的生产能力还未耗尽，周期性的生产能力扩充也变得强劲。企业盈利大幅上升、债券的收益率仍处于低位，但中央银行仍保持宽松政策。这个阶段是股权投资者的"黄金时期"。股票是最佳选择。

在过热阶段，企业生产能力增长减慢，开始面临产能约束，通胀抬头。中央银行加息以求将经济拉回到可持续的增长路径上来，此时的GDP增长率仍坚定地处于潜能之上。收益率曲线上行并变得平缓，债券的表现非常糟糕。股票的投资回报率取决于强劲的利润增长与估值评级不断下降的权衡比较。大宗商品是最佳选择。

在滞胀阶段，GDP的增长率降到潜能之下，但通胀却继续上升，通常这种情况部分原因归于石油危机。产量下滑，企业为了保持盈利而提高产品价格，导致工资—价格螺旋上涨。只有失业率的大幅上升才能打破僵局。只有等通胀过了顶峰，中央银行才能有所作为，这就限制了债券市场的回暖步伐。企业的盈利恶化，股票表现非常糟糕。现金是最佳选择。

从长期看，经济增长取决于生产要素的可获得性、劳动力、资本，和生产能力的提高。从短期看，经济经常偏离可持续的增长路径。政策制定者的工作就是要使其回复到可持续增长路径上来。在潜能之下的经济增长会使经济面临通货紧缩的压力并最终变为紧缩；另一方面，经济增长持续保持在潜能之上会导致破坏性的通胀。

金融市场一贯地将增长率的短期偏离误以为是其长期趋势的改变。结果，在经济偏离的极限处，当政府的"矫正"政策就要起作用时，资产往往被错误定价。投资者正确地识别拐点，可以通过改变资产配置而盈利。但前几年的情况套用该理论会出现错误。例如，许多投资者凭着对美国经济持续增长和科技股公司从"新纪元"中受益最多的判断，在1999年底买入了昂贵的科技股。然而，美联储对抗正在轻微上升的通胀的紧缩性政策已经在起作用。这轮周期在2000年初达到顶峰，接着科技股泡沫破灭。随后的下跌推动了激进的美联储从债券和住宅房地产市场中追逐巨大利益。

美林投资时钟

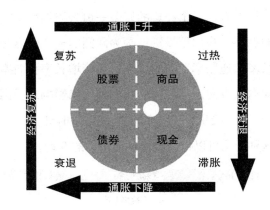

美国美林证券在2008年金融海啸全面爆发之前，是世界上赫赫有名的投资银行，虽然今天已经成为次级债危机中倒下的失败典型，但是该公司提出的投资时钟理论，却依然是投资界奉为经典的经济周期分析工具。

如上图所示，"投资时钟"是一种将经济周期与资产和行业轮动联系起来的方法。

投资时钟的分析框架有助于投资者识别经济中的重要拐点，从周期的变换中获利。

美林在超过30年的数据统计分析中，发现了投资时钟，根据经济增长和通胀状况，美林的投资钟将经济周期划分为四个不同的阶段。在每个阶段，图中标识的资产类和行业的表现倾向于超过大市，而处于对立位置的资产类及行业的收益会低过大市。

　　经典的繁荣—萧条周期从左下角开始，沿顺时针方向循环；债券、股票、大宗商品和现金组合的表现依次超过大市。但往往并没有这么简单。有时候，时钟会逆时针移动或跳过一个阶段。

　　从投资钟上看，一个经典的繁荣—萧条周期始于左下方，沿顺时针方向循环。我们把投资钟画为圆圈的一个优点是：可以分别考虑增长率和通胀率变动的影响。经济增长率指向南北方向，通胀率指向东西方向。当经济受到海外因素影响或受到冲击时，如："9·11"，投资钟不再简单地按照顺时针方向变换阶段，投资钟的这种画法可以帮助我们预测市场的变动。

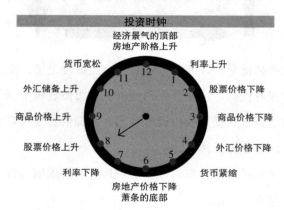

投资时钟可以帮助我们制定行业投资战略：

　　（1）周期性：当经济增长加快（北），股票和大宗商品表现好。周期性行业，如：高科技股或钢铁股表现超过大市。当经济增长放缓（南），债券、现金及防守性投资组合表现超过大市。

　　（2）持续期：当通胀率下降（西），折现率下降，金融资产表现好。投资者购买久期长的成长型股票。当通胀率上升（东），实体资产，如：大宗商品和现金表现好。估值波动小而且久期短的价值型股票表现超出大市。

（3）与标的资产相关：一些行业的表现与标的资产的价格走势相关联。保险类股票和投资银行类股票往往对债券或股权价格敏感，在衰退或复苏阶段中表现得好。矿业股对金属价格敏感，在过热阶段中表现得好。石油与天然气股对石油价格敏感，在滞胀阶段中表现超过大市。

投资时钟对资产类和行业板块的投资也是有意义的，可以用来做配对交易。例如，如果在过热阶段，我们应该做多大宗商品和工业股，位于对立面的是衰退阶段，所以我们应该同时做空债券和金融股。

按照美国的经验，连续两个季度是负增长，则定义为经济衰退，但是目前阶段，中国经济不会出现负增长的情况，因为中国有自己完整的经济体系。现在的中国再大的危机除以13亿就很小了；再小的投资机会乘以13亿就很大了。考虑到中国的经济改革必须要在一定的发展率中解决，所以中国最少要保持5%~6%的增长速度，所以如果经济增长速度下降到6%，则意味着中国经济已经衰退，当然也有专家认为中国低于8%的增长速度就是衰退。目前，按照经济指标计算，中国虽然没有处于衰退阶段，但是从出口数据分析，已经有进入经济衰退的征兆，外贸出口定单在大幅度的衰减，所以目前阶段最佳的投资策略是选择债券和寻找未被经济周期所影响、价值被低估的股票，然后等待经济增长周期取得超额收益。

美林用自1973年4月至2004年7月美国完整的超过三十年的资产和行业回报率数据来验证了投资时钟的合理性。以下是美林的一部分研究成果。

1．不同类别资产的收益率

（1）所有资产中股票的表现最好，年均实际回报率达到6.1%，相比债券收益率，存在约2.5%的股权风险溢价。

（2）债券的收益率高出现金2%，反映了债券的久期风险和违约风险。

（3）大宗商品的收益率高出预期。

（4）1.5%的现金实际回报率是平均实际利率。

2．不同阶段的资产收益率

比较几类资产的收益率。以下列出每个阶段的收益率排序：

（1）衰退：债券>现金>大宗商品；股票>大宗商品

（2）复苏：股票>债券>现金>大宗商品

（3）过热：大宗商品>股票>现金/债券

（4）滞胀：大宗商品>现金/债券>股票

伦敦证券交易所

伦敦证券交易所是世界上历史最悠久的证券交易所之一。它的前身是17世纪末伦敦城交易街上主营咖啡饮品业务的露天大市场上一个名为"乔纳森"的咖啡店，这里是当时买卖政府债券的"皇家交易所"。1761年，伦敦150名股票交易商在这里自发组成一个俱乐部以买卖股票和债券。

1773年，这个咖啡店从露天大市场迁入伦敦城司威丁街的室内，并正式改名为"伦敦证券交易所"。1802年，伦敦证券交易所获得英国政府正式批准，乔治三世国王给它颁发了"皇家特许经营许可证"。

伦敦证券交易所的成立为英国工业革命提供了重要的融资渠道，为促进当时英国经济的繁荣发挥了重要作用。而英国经济的强劲发展也促进了交易所自身的壮大，从而确立了英国世界金融中心的地位。截至第一次世界大战之前，伦敦交易所一直是世界第一大证券交易市场。

随着英国经济的不断发展，在英国其他地方也出现很多证券交易所，高峰时期达30余家。1967年，英国各地交易所组成了7个区域性的证券交易所。1973年，伦敦证券交易所与设在英国格拉斯哥、利物浦、曼彻斯特、伯明翰和都柏林等地的交易所合并成大不列颠及爱尔兰证券交易所。随后各地证券交易所逐渐停止运作，全部业务都集中到伦敦交易所。

进入20世纪80年代以后，随着英国国内和世界经济形势的深刻变化，伦敦证券交易所由于其浓重的保守风格，特别是一直沿袭下来的陈规陋习严重阻碍了英国证券市场的发展，并影响了它在全球金融市场上的竞争力。在这一形势下，伦敦交易所于1986

年10月进行了重大改革，其中包括改革固定佣金制，允许大公司直接进入交易所进行交易，放宽对会员的资格审查，允许批发商与经纪人兼营，证券交易全部实现电脑化，与纽约、东京交易所联机，实现24小时全球交易，等等。这些改革措施有力地巩固了其在国际证券市场中的地位。

1995年12月，由于政治原因，伦敦证券交易所被分为两个独立的部分，一部分归属爱尔兰共和国，另一部分归属英国，即现在的伦敦证券交易所。2000年，伦敦交易所经全体股东投票决定转变为一个公众公司，并于2001年7月在自己的主板上市交易。

作为世界三大证券交易所之一，伦敦证券交易所上市的证券种类非常多，除股票外，还有政府债券、国有化工业债券、英联邦及其他外国政府债券，此外还有很多地方政府、公共机构、工商企业发行的债券也在此上市。在世界各大证券交易所中，伦敦证券交易所的国际化程度最高，其外国公司股票的交易量和市值都超过了本国公司的股票，这在其他交易所是十分罕见的。截至2007年底，在伦敦证券交易所上市的公司有3200多家，市值达4.25万亿美元；其中外国公司市值超过交易所上市公司总市值的一半以上。

伦敦交易所对中国的企业却一直没有太大吸引力。直到1997年3月24日，北京大唐发电股份有限公司在伦敦证券交易所挂牌上市，中国才拥有首家在伦敦交易所上市的公司。

纽约证券交易所

纽约证券交易所是目前世界上规模最大的有价证券交易市场。在美国证券发行之初，尚无集中交易的证券交易所，证券交易大都在咖啡馆和拍卖行里进行。

1792年5月17日，24名经纪人在纽约华尔街和威廉街的西北角一咖啡馆门前的梧桐树下签订了"梧桐树协定"。这是纽约交易所的前身。

到了1817年，华尔街上的股票交易已十分活跃，于是市场参加者成立了"纽约证券和交易管理处"，一个集中的证券交易市场基本形成。

1863年，管理处易名为纽约证券交易所，此名一直沿用至今。

直到1865年，交易所才拥有自己的大楼。坐落在纽约市华尔街11号的大楼是1903年启用的。交易所内设有主厅、蓝厅、"车房"等3个股票交易厅和1个债券交易厅，是证券经纪人聚集和互相交易的场所，共设有16个交易亭，每个交易亭有16至20个交易柜台，均装备有现代化办公设备和通讯设施。交易所经营对象主要为股票，其次为各种国内外债券。除节假日外，交易时间每周5天，每天5小时。

从1868年起，只有从当时老成员中买得席位方可取得成员资格。1953年起，成员限定为1366名。只有盈利250万美（税前）、最低发行售出股票100万股、给普通股东以投票权并定期公布财务的公司，其股票才有资格在交易所挂牌。至1999年2

月，交易所的日均交易量达6.7亿股，交易额约达300亿美元。截至1999年2月，在交易所上市的公司已超过3000家，其中包括来自48个国家的385家外国公司，在全球资本市场上筹措资金超过10万亿。另外，美国政府、公司和外国政府、公司及国际银行的数千种债券也在交易所上市交易。

纽约证券交易所的交易方式就是跟传统菜市场一样，采议价方式，不同于中国股票的电脑自动撮合。股票经纪人会依客户开出的买卖条件在交易大厅内，公开寻找买主卖主，讨价还价后作成交易。

纽约证券交易所因为历史较为悠久，因此市场较成熟，上市条件也较为严格，像那些还没有赚钱就想上市筹资的公司是无法进入纽约证交所的，而历史悠久的财星五百大企业大多在纽约证交所挂牌，像：卖洗发精的强生（johoson&jonhson），卖壮阳药威而钢的辉瑞制药（pfizer），做快迅服务的优比速（ups）和联邦快迅（fdx）等大公司都是纽约证券交易所的成员。

自20世纪20年代起，纽约证券交易所一直是国际金融中心。这里股票行市的暴涨与暴跌，都会在其他资本主义国家的股票市场产生连锁反应，引起波动。到目前为止，它仍然是美国全国性的证券交易所中规模最大、最具代表性的证券交易所，也是世界上规模最大、组织最健全、设备最完善、管理最严密、对世界经济有着重大影响的证券交易所。

债券的发展

债券市场是发行和买卖债券的场所，它是金融市场的一个重要组成部分。一个统一、成熟的债券市场可以为全社会的投资者和筹资者提供低风险的投融资工具；债券的收益率曲线是社会经济中一切金融商品收益水平的基准，因此债券市场也是传导中央银行货币政策的重要载体。可以毫不夸张地说，统一、成熟的债券市场构成了一个国家金融市场的基础。

其实债券和债券市场早在资本主义经济出现以前就存在。古代债券如国家债券、当票等在奴隶社会已经出现，并在封建社会得到发展。据考证，世界最早的债券发行于12世纪的威尼斯共和国。企业债券在封建社会末期也开始产生。世界上最早的证券交易所即巴黎交易所成立于1304年。证券交易所兴起的早期阶段，主要业务是买卖政府债券，股票交易有限。

和股票市场一样，债券市场是由一级市场和二级市场组成的，即债券发行市场和债券流通市场。债券一级市场是指政府机关、金融机构、企业等资金需求者，为筹措资金而发行新债券，透过招投标或通过承销商，将债券出售给投资人所形成的市场，又称为发行市场；债券二级市场又称为流通市场，是指持有已发行债券的投资人出售变现，或从事债券买卖的投资者进行交易的市场。

在国外成熟的资本市场体系中，债券市场与股票市场是并驾齐驱的。比如，2001年，美国的股票市值占GDP的168%，债券相当于143%，而另一个数字或许更能说明问题，全球债券相当于

GDP的95%。但是我国2001年末债券总值仅相当于GDP的29%。美国发行了3.1万亿美元的政府债券，公司债券达3.4万亿美元，资产证券化债券是2.7万亿美元，公司债券总和大大超过了政府发行的债券，且当年发行的公司债券是同期股票金额的16倍，占主要地位的是公司债券。而在我国，2001年发行国债约4884亿元人民币，公司债券总发行量却不足400亿元人民币。因此，不论是从资本市场上债市与股市的关系看，还是从企业的资本结构看，债券市场尤其是公司债券在我国资本市场发展过程中都具有很大的发展空间。

目前，我国的债券市场由银行间债券市场、交易所债券市场和银行柜台债券市场三个部分组成，这三个市场相互独立，又各有侧重点。在这三个市场中，银行柜台债券市场刚刚起步，银行间债券市场和交易所债券市场正不断走向成熟。

其中与我们普通投资者最密切相关的就是银行柜台债券市场，这个市场的参与主体为在商业银行开户的个人和企业投资者。目前，投资者通过银行柜台债券市场可以投资的债券品种有凭证式国债和记账式国债，其中凭证式国债不能流通转让，其实际投资主体为中老年个人投资者，而记账式国债银行柜台交易的推出可以更好地满足广大的个人、企业等投资人的国债投资需求。但是，由于目前记账式国债柜台交易业务只是在"工、农、中、建"四大国有银行的部分地区网点试点，而且也只有记账式国债可以交易，银行柜台债券市场处于刚刚启动阶段，还有待于进一步推动。记账式国债柜台交易的方式为现券交易。

交易所债券市场是我国债券场内交易的场所，目前上海证券交易所和深圳证券交易所均有债券交易业务。沪深交易所债券交易的参与主体为在交易所开立证券账户的非银行投资者，实际交易主体为证券公司、保险公司和城乡信用社。交易券种为在交易所上市的国债、企业债、可转换债券。交易类型有现券交易和质押式回购交易。

就像我们前面说的那样，由于市场约束和制度方面的原因，我国债券市场尤其是公司债券无论是在规模、品种，还是在市场的发育程度方面，都与发达国家存在着巨大的差距，即使同我国迅速发展的股票市场相比，债券市场也显得较为低迷，一直是我国资本市场的一条"短腿"。这对我国的金融市场来说是不健康的。好在相关部门正在努力推动债券市场的发展，我们希望尽快迎来债券市场的春天！

保险的起源

保险是最古老的风险管理方法之一。它以损失分摊的方法，用多数单位和个人缴纳保费建立保险基金，使少数成员的损失由全体被保险人分担。保险合约中，被保险人支付一个固定金额（保费）给保险人，前者获得保证：在指定时期内，后者对特定事件或事件组造成的任何损失给予一定补偿。从本质上讲，保险体现的是一种经济关系。

人类社会从开始就面临着自然灾害和意外事故的侵扰，在与大自然抗争的过程中，古人就萌生了对付灾害事故的保险思想和原始形态的保险方法。我国历代王朝都非常重视积谷备荒。春秋时期孔子的"拼三余一"的思想是颇有代表性的见解。孔子认为，每年如能将收获粮食的三分之一积储起来，这样连续积储3年，便可存足1年的粮食，即"余一"。如果不断地积储粮食，经过27年可积存9年的粮食，就可达到太平盛世。

公元前2500年前后，古巴比伦王国国王命令僧侣、法官、村长等收取税款，作为救济火灾的资金；古埃及的石匠成立了丧葬互助组织，用交付会费的方式解决收殓安葬的资金；古罗马帝国时代的士兵组织，以集资的形式为阵亡将士的遗属提供生活费，逐渐形成保险制度……

随着贸易的发展，大约在公元前1792年，古巴比伦第六代国王汉谟拉比时代，商业繁荣。为了援助商业及保护商队的骡马和货物损失补偿，在《汉谟拉比法典》中，规定了共同分摊补偿损失之条款。

公元前916年，在地中海的罗德岛上，国王为了保证海上贸易的正常进行，制定了《罗地安海商法》，规定某位货主遭受损失，由包括船主、所有该船货物的货主在内的受益人共同分担，这是海上保险的滥觞；在公元前260年～前146年间，布匿战争期间，古罗马人为了解决军事运输问题，收取商人24%～36%的费用作为后备基金，以补偿船货损失，这就是海上保险的起源；17

世纪，欧洲文艺复兴后，英国资本主义有了较大发展，经过大规模的殖民掠夺，英国日益发展成为占世界贸易和航运业垄断优势的大英帝国，为英国商人开展世界性的海上保险业务提供了条件。保险经纪人制度也随之产生。十七世纪中叶，爱德华·劳埃德在泰晤士河畔开设了"劳合咖啡馆"，成为人们交换航运信息，购买保险及交谈商业新闻的场所。随后他在咖啡馆开办保险业务。1969年劳合咖啡馆迁至伦敦金融中心，成为现在的劳合社的前身。

公元前133年，在古罗马成立的各雷基亚（共济组织），向加入该组织的人收取100泽司和一瓶敬人的清酒。另外每个月收取每位成员5泽司，积累起来成为公积金，用于丧葬的补助费。这是人寿保险的萌芽。

现行火灾保险制度起源于英国。1666年9月2日，伦敦发生巨大火灾，全城被烧毁一半以上，损失约1200万英镑，20万人无家可归。由于这次大火的教训，保险思想逐渐深入人心。1677年，牙科医生尼古拉·巴蓬在伦敦开办个人保险，经营房屋火灾保险，出现了第一家专营房屋火灾保险的商行，火灾保险公司逐渐增多，1861年～1911年间，英国登记在册的火灾保险公司达到567家。1909年，英国政府以法律的形式对火灾保险进行制约和监督，促进了火灾保险业务的正常发展。

综上可知，保险从萌芽时期的互助形式逐渐发展成为冒险借贷，发展到海上保险合约，发展到海上保险、火灾保险、人寿保险和其他保险，并逐渐发展成为现代保险。

第5章

金融衍生品简史

2015年6月12日，中国A股冲上5178点的高位后，掉头向下。这一波下跌，传闻消灭了50万个中产阶层账户，让普通投资者感受到了融资融券和股指期货背景下，熊市的血腥和残酷。而两融业务和股指期货，都是中国股市创新发展的金融衍生品种。一时之间，人们对金融创新到底是天使还是魔鬼产生了深深的疑问。本章将从金融史的角度让大家对金融衍生品有个简明而清晰的认识。

金融衍生品创新，是天使还是魔鬼

这是一条来自CNN的报道——

受金融衍生品拖累，巴菲特掌控下的伯克希尔保险公司第二季度财报利润下滑40%。尽管巴菲特强调公司很少做需要预先抵押的交易，但联邦政府还是要求伯克希尔为所有衍生品合同提供担保。季报报告，2010年第二季度公司纯收入19.7亿美元，折合A股每股1.195美元。去年同期公司纯收入为33亿美元，合每股2.123美元。2007年，伯克希尔在各项金融衍生品上获得15亿美元的增益，2008却下滑了14亿。算下来，这两年公司相当于在原地踏步。

金融衍生品是指什么？它们在金融危机中又扮演了什么样的角色呢？

巴菲特曾经很形象地把金融衍生品称为"大规模杀伤性武器"，当然我们理解这种说法，因为股神刚刚在金融衍生品上吃了大亏。但是也有学者认为，金融衍生品只是一种市场投资工具，本身并不是金融危机的罪魁祸首。

2008年一场席卷全球的金融危机使得很多人都把金融衍生品归类为"危险品"，也让人对金融创新有了更全面的认识。人们认为美国房市的跌幅，应不足以击倒贝尔斯登、雷曼、AIG以及

"两房"等这些金融巨头。这其中，过度膨胀的金融衍生品无疑起到了推波助澜的作用，扮演了"巨人杀手"的角色。那么，金融衍生品是此次全球金融危机的罪魁祸首吗？

回答这个问题之前，我们先明确一下金融衍生品的定义：金融衍生产品是指以货币、债券、股票等传统金融产品为基础，以杠杆性的信用交易为特征的金融产品。

金融衍生产品的共同特征是保证金交易，即只要支付一定比例的保证金就可进行全额交易，不需实际上的本金转移，合约的了结一般也采用现金差价结算的方式进行，只有在满期日以实物交割方式履约的合约才需要买方交足贷款。因此，金融衍生产品交易具有杠杆效应。保证金越低，杠杆效应越大，风险也就越大。

金融衍生产品可以规避风险。价格发现，它是对冲资产风险的好方法。但是，任何事情有好的一面也有坏的一面，风险规避了一定是有人去承担了。衍生产品的高杠杆性就是将巨大的风险转移给了愿意承担的人手中，这类交易者称为投机者，而规避风险的一方称为套期保值者，另外一类交易者被称为套利者，这三类交易者共同维护了金融衍生产品市场上述功能的发挥。

金融衍生品确实可以成为防范风险的避风港，但若交易不当将导致巨大的风险，有的甚至是灾难性的，比如国外的有巴林银行事件、宝洁事件、信孚银行事件，国内的有国储铜事件、中航油事件等。

那么，是什么使得金融衍生产品风险加大了呢？我们以巴林银行为例说明一下。

首先是内部控制薄弱,对交易员缺乏有效的监督,这是造成金融衍生产品风险的一个重要原因。例如,内部风险管理混乱到了极点是巴林银行覆灭的主要原因。首先,巴林银行内部缺乏基本的风险防范机制,交易员里森一人身兼清算和交易两职,缺乏制衡,很容易通过改写交易记录来掩盖风险或亏损。同时,巴林银行也缺乏一个独立的风险控制检查部门对里森所为进行监控;其次,巴林银行管理层监管不严,风险意识薄弱。在日本关西大地震之后,里森因其衍生合约保证金不足而求助于总部时,总部竟然还将数亿美元调至新加坡分行,为其提供无限制的资金支持;再者,巴林银行领导层分裂,内部各业务环节之间关系紧张,令许多知情管理人员忽视市场人士和内部审检小组多次发出的警告,以致最后导致整个巴林集团的覆没。

此外,过度的激励机制激发了交易员的冒险精神,也增大了交易过程中的风险系数。金融监管不力也是造成金融衍生产品风险的另一主要原因。英国和新加坡的金融监管当局事先监管不力,或未协力合作,是导致巴林银行倒闭的重要原因之一。英国监管部门出现的问题是:第一,负责监管巴林等投资银行的部门曾口头上给予宽免,巴林将巨额款项汇出炒卖日经指数时,无须请示英格兰银行。第二,英格兰银行允许巴林集团内部银行给予证券部门无限制资金的支持。新加坡金融监管当局存在的问题是:首先,新加坡国际金融交易所面对激烈的国际竞争,为了促进业务的发展,在持仓量的控制方面过于宽松,没有严格执行持仓上限，允许单一交易账户大量积累日经期指和日债期货仓位，对会员公司可持有合约数量和缴纳保证金情况没有进行及时监督。其次，里森频繁地从事对倒交易，且交易数额异常庞大，却竟然没有引起交易所的关注。如果英格兰银行、新加坡和大阪交易所之间能够加强交流，共享充分的信息，就会及时发现巴林银行在两个交易所持有的巨额头寸，或许巴林银行不会倒闭。

即使是在这次美国金融危机中，成为导火索的金融衍生品——CDS（信用违约互换）也有资格喊冤枉。

信用违约互换（CDS）是目前全球交易最为广泛的场外信用衍生品。所谓场外交易，就是指不在有形的交易场所内进行交易，交易双方私下沟通，从而受到的监管更少，整个市场缺乏透明度。在雷曼兄弟申请破产保护后，许多人指责CDS市场对雷曼的打压是造成雷曼走投无路的原因，导致了随后作为保险公司的美国国际集团的巨额亏损，从而造成了整个市场信心的崩溃。CDS究竟是什么？为什么有这么大的杀伤力使得深陷次贷危机的金融机构雪上加霜？

简单说来，在CDS合约中，CDS买方定期向CDS卖方支付一定的费用，可以视为是一种保险费的支付。如果不出现信用主体违约事件，则CDS卖方没有任何现金流出；而一旦信用主体出现违约，CDS卖方有义务以现金形式补偿债券面值与违约事件发生后债券价值之间的差额，或者以债券面值购买CDS买方所持债券。这样，CDS的买方相当于为自己手中的债券购买了一份保险。假设现在有一个购买了雷曼兄弟发行的债券的投资者，为了给自己手中的债券保险，他从AIG（美国国际集团）处购买了针对雷曼偿付能力的CDS。雷曼破产后，无法偿付债券本息，这一偿付责任就落到了AIG身上。问题是发行针对雷曼偿付能力CDS的机构不止AIG一家，面临损失的也就不仅仅是AIG。在场外交易的情形下，究竟有多少与雷曼相关的CDS无法统计，由此带来的连锁反应也就无法估计。根据国际互换与衍生品协会的统计数据，截至2007年年底，CDS的市场规模达到了62万亿美元，相当于当年美国GDP的4.5倍。

CDS是在1990年代中期由摩根大通首创的，相当于一种金融资产的违约保险合约。债权人通过该合约将债务风险出售，合约价格可以视作保费。购买信用违约互换的一方被称为买家，承担风险的一方被称为卖家。双方约定如果标的金融资产没有出现违约情况，则买家向卖家定期支付"保险费"，而一旦发生违约行为，则卖方承担买方的资产损失。当前，在62万亿美元的CDS市场中，最大的部分是企业债，而MBS（抵押支持债券）仅占20%。

在经济良好时，CDS的风险很低，能够为贷款和债券避险，是一种良好的投资手段。但在危机发生后，它却因保证金杠杆交易放大了虚拟需求成为众矢之的。

以期货、期权、远期、互换等为代表的金融衍生品都是有效管理和降低市场参与者的风险的工具，金融衍生品设计的初衷绝不是为了扩大风险。事实上，金融衍生品作为风险转移工具，其良好运作离不开投机者的参与。因为，投资者正是风险的承担者。

在实际操作中，由于金融衍生产品的杠杠性会放大投机风险，需要监管部门严格控制。在次贷链条中，CDS因属于场外交易产品而被疏于监管，才导致市场扩大和反复转让后的权责混乱，违约率上升。因此，我们认为，次贷危机不是金融衍生品惹的祸。相反，如果次贷链条中有充足的风险转移工具，危机发生的可能性就大大降低了。

远期合约：最简单的金融衍生品

假设一位投资者进行远期合约交易，买入1000美元卖出欧元，从今天起60天后得到1.0700美元对1欧元的汇率。那么这位投资者承担风险的资金为200欧元，止损价位是1.0900。

让我们用不同的汇率来看看交易结束时会发生什么：

欧元/美元的汇率在交割期前达到1.1000。在这种情况下，交易会在投资者设定的止损价位1.0900处就已结算，这样一来投资者损失了200欧元。

在交割日期，欧元/美元的汇率为1.0800。在这种状况下，投资者只损失100欧元。

在交割日期，欧元/美元的汇率为1.0200。投资者获利500欧元。

　　这就是远期合约。那么远期合约是怎样操作的？它与期货又有什么不同呢？

　　远期合约是20世纪80年代初兴起的一种保值工具，它是一种交易双方约定在未来的某一确定时间，以确定的价格买卖一定数量的某种金融资产的合约。合约中要规定交易的标的物、有效期和交割时的执行价格等项内容。通常是在两个金融机构之间或金融机构与其公司客户之间签署该合约。它不在规范的交易所内交易。

　　当远期合约的一方同意在将来某个确定的日期以某个确定的价格购买标的资产时，我们称这一方为多头。另一方同意在同样的日期以同样的价格出售该标的资产，这一方就被称为空头。在远期合约中的特定价格称为交割价格。在合约签署的时刻，所选择的交割价格应该使得远期合约的价值双方都为零。这意味着无须成本就可处于远期合约的多头或空头状态。

　　远期合约在到期日交割。空头的持有者交付标的资产给多头的持有者，多头支付等于交割价格的现金。决定远期合约价格的关键变量是标的资产的市场价格，正如以上提到的，签署远期合约时该合约的价值为零。其后，它可能具有正的或负的价值，这取决于标的资产价格的运动。例如，如果合约签署之后不久该标的资产价格上涨很快，则远期合约多头的价值变为正值而远期合约空头的价值变为负值。

　　远期合约是现金交易，买方和卖方达成协议在未来的某一特定日期交割一定质量和数量的商品。价格可以预先确定或在交割时确定。

在远期合约签订之时，它没有价值，支付只在合约规定的未来某一日进行。在远期市场中经常用到两个术语：

如果即期价格低于远期价格，市场状况被描述为正向市场或溢价；

如果即期价格高于远期价格，市场状况被描述为反向市场或差价。

那么远期价格怎样计算呢？原则上，计算远期价格是用交易时的即期价格加上持有成本。根据商品的情况，持有成本要考虑的因素包括仓储、保险和运输等。

远期价格＝即期或现金价格＋持有成本

根据基础资产划分，常见的金融远期合约包括四个大类。

（1）股权类资产的远期合约

包括单个股票的远期合约、一揽子股票的远期合约和股票价格指数的远期合约三个子类。

（2）债权类资产的远期合约

主要包括定期存款单、短期债券、长期债券、商业票据等固定收益证券的远期合约。

（3）远期利率协议

是指按照约定的名义本金，交易双方在约定的未来日期交换支付浮动利率和固定利率的远期协议。

（4）远期汇率协议

是指按照约定的汇率，交易双方在约定未来日期买卖约定数量的某种外币的远期协议。

远期合约较近期合约交易周期长，时间跨度大，所蕴含的不确定性因素多，加之远期合约成交量及持仓量不如近期合约大，流动性相对差一些，因此呈现远期合约价格波动较近期合约价格波动剧烈且频繁，风险性较大。

那么远期合约与期货合约有什么区别呢？期货合约与远期合约虽然都是在交易时约定在将来某一时间按约定的条件买卖一定数量的某种标的物的合约，但它们存在诸多区别。

举个例子：A公司和B公司约定在10月23日，A公司以100万美元购买B公司9 000万日元。这就是远期合约。

如果是期货合约呢，A公司就不用找交易对手了，而是直接在期货交易所卖出一定份数的10月份交割的日元期货。这里首先份数是要与交易所的规定匹配，比如交易所规定一份日期期货是100万日元，那么就以90的价格卖出90份日元期货，其次是交割日期可能不会是正好23日，而是10月的前两周，这与交易所的规定有关。

具体来说有三点：

标准化程度不同。远期合约遵循契约自由原则，合约中的相关条件如标的物的质量、数量、交割地点和交割时间都是依据双方的需要确定的；期货合约则是标准化的，期货交易所为各种标的物的期货合约制定了标准化的数量、质量、交割地点、交割时间、交割方式、合约规模等条款。

交易场所不同。远期合约没有固定的场所，交易双方各自寻找合适的对象；期货合约则在交易所内交易，一般不允许场外交易。

违约风险不同。远期合约的履行仅以签约双方的信誉为担保，一旦一方无力或不愿履约时，另一方就得蒙受损失；期货合约的履行则由交易所或清算公司提供担保。

掉期：灵活有效的避险工具

某企业生产的商品成品用于出口，而原材料则需要进口。某日该企业收到国外进口商支付的出口货款100万美元，这笔货款要用于企业下一轮生产支出需要结汇成人民币，但是该企业原材料又大都是进口的，3个月后需要支付100万美元的原材料货款。如果该企业将现在收入的100万美元结汇，3个月后再以到时的即期汇价跟银行买100万美元支付给原材料进口商，除了需要面对汇率波动的风险外，来去两笔外汇买卖，需要支付给银行两笔手续费。

此时，该企业就可以与银行办理一笔即期对3个月远期的人民币与外币掉期业务，即期卖出100万美元，取得相应的人民币，3个月远期以人民币买入100万美元。通过上述交易，该企业可以轧平其中的资金缺口，达到规避风险的目的。

这里描述的就是一次完整的掉期操作。那么，掉期有什么意义呢？

掉期是指在外汇市场上买进即期外汇的同时又卖出同种货币的远期外汇，或者卖出即期外汇的同时又买进同种货币的远期外汇，也就是说在同一笔交易中将一笔即期和一笔远期业务合在一起做，或者说在一笔业务中将借贷业务合在一起做。在掉期交易中，把即期汇率与远期汇率之差，即升水或贴水叫作掉期率。

从掉期的定义中我们就可以看到其明显的避险功能。没错，这种金融衍生工具，是当前金融界用来规避由于所借外债的汇率发生变化而给企业带来财务风险的一种主要手段。比如美国一家银行某日向客户按US＝DM1.68的汇率，卖出336万马克，收入200万美元。为防止将来马克升值或美元贬值，该行就利用掉期交易，在卖出即期马克的同时，又买进3个月的远期马克，其汇率为US＝DM1.58。这样，虽然卖出了即期马克，但又补进了远期马克，使该家银行的马克、美元头寸结构不变。虽然在这笔远期买卖中该行要损失若干马克的贴水，但这笔损失可以从较高的美元利率和这笔现汇交易的买卖差价中得到补偿。

在国际金融市场一体化潮流的背景下，掉期交易作为一种灵活、有效的避险和资产负债综合管理的衍生工具，越来越受到国际金融界的重视，用途日益广泛，交易量急速增加。近来，这种交易形式已逐步扩展到商品、股票等汇率、利率以外的领域。由于掉期合约内容复杂，多采取由交易双方一对一进行直接交易的形式，缺少活跃的二级市场和交易的公开性，具有较大的信用风险和市场风险。因此，从事掉期交易者多为实力雄厚、风险控制能力强的国际性金融机构，掉期交易市场基本上是银行同业市场。现在西方国家的商业银行之间进行商业交易时，很少使用远期交易合同，大多都采用掉期协议的办法。比如说，美国的大通曼哈顿银行现在需要英镑，它可以与英国的巴克莱银行达成掉期协议，先在大通曼哈顿银行依据即期汇率把美元付给巴克莱银行，巴克莱银行把英镑付给大通曼哈顿银行，3个月后交易逆转，大通银行根据当时合同规定的远期汇率再把英镑支付给巴克莱银行，从它那里收回美元。

掉期交易中较为常见的是货币掉期交易和利率掉期交易，让我们来看两个例子：

1981年，IBM公司和世界银行进行了一笔瑞士法郎和德国马克与美元之间的货币掉期交易。当时，世界银行在欧洲美元市场上能够以较为有利的条件筹集到美元资金，但是实际需要的却是瑞士法郎和德国马克。此时持有瑞士法郎和德国马克资金的IBM公司，正好希望将这两种货币形式的资金换成美元资金，以回避利率风险。在所罗门兄弟公司的中介下，世界银行将以低息筹集到的美元资金提供给IBM公司，IBM公司将自己持有的瑞士法郎和德国马克资金提供给世界银行。通过这种掉期交易，世界银行以比自己筹集资金更为有利的条件筹集到了所需的瑞士法郎和德国马克资金，IBM公司则回避了汇率风险，低成本筹集到美元资金。这是迄今为止正式公布的世界上第一笔货币掉期交易。通过这项掉期交易，世界银行和IBM公司在没有改变与原来的债权人之间的法律关系的情况下，以低成本筹集到了自身所需的资金。

1982年德意志银行进行了一项利率掉期交易，德意志银行对某企业提供了一项长期浮动利率的贷款。当时，德意志银行为了进行长期贷款需要筹集长期资金，同时判断利率将会上升，以固定利率的形式筹集长期资金可能更为有利。德意志银行用发行长期固定利率债券的方式筹集到了长期资金，通过进行利率掉期交易把固定利率变换成了浮动利率，再支付企业长期浮动利率贷款。这笔交易被认为是第一笔正式的利率掉期交易。

最后我们再说一下掉期交易的交易形式，相信这也是很多投资者都比较关心的问题：

第一种，即期对远期的掉期交易

即期对远期的掉期交易，指买进或卖出某种即期外汇的同时，卖出或买进同种货币的远期外汇。它是掉期交易里最常见的一种形式。这种交易形式按参加者不同又可分为两种：①纯粹的掉期交易，指交易只涉及两方，即所有外汇买卖都发生于银行与另一家银行或公司客户之间。②分散的掉期交易，指交易涉及三个参加者，即银行与一方进行即期交易的同时与另一方进行远期交易。但无论怎样，银行实际上仍然同时进行即期和远期交易，符合掉期交易的特征。进行这种交易的目的就在于避免风险，并从汇率的变动中获利。

第二种，一天掉期交易

一天掉期又可分为今日掉明日、明日掉后日和即期掉次日。今日掉明日掉期的第一个到期日在今天，第二个掉期日在明天。

明日掉后日掉期的第一个到期日在明天，第二个到期日在后天。即期掉次日掉期的第一个到期日在即期外汇买卖起息日（即后天），第二个到期日是将来的某一天（如即期掉1个月远期，远期到期日是即期交割日之后的第30天）。

第三种，远期对远期的掉期交易

远期对远期的掉期交易，指买进并卖出两笔同种货币不同交割期的远期外汇。该交易有两种方式，一是买进较短交割期的远期外汇（如30天），卖出较长交割期的远期外汇（如90天）；二是买进期限较长的远期外汇，而卖出期限较短的远期外汇。假如一个交易者在卖出100万30天远期美元的同时，又买进100万90天远期美元，这个交易方式即远期对远期的掉期交易。

股指期货：最主流的非主流投资

中国股指期货于2010年4月16日上市至今已经8个多月了，期间股指期货开户数突破5万户，个人投资者占98%；11月底，开户数为5.6万户，个人客户占比在95%以上。相关数据表明，个人投资者是目前股指期货市场的最大参与者，每天参加交易的客户约为30%到60%。换而言之，大约有1.5万到3万户参与每天的交易，投资人换手频率非常高。以沪深300期货日成交量约为30万手，等于双边成交60万手来看，每个参与交易的账户每日平均交易约20手至40手。

那么股指期货是一种怎样的投资工具呢？它的主要特点是什么呢？

股票指数期货是一种以股票价格指数作为标的物的金融期货合约。与外汇期货、利率期货和其他各种商品期货一样，股票指数期货同样是顺应人们规避风险的需要而产生的，而且是专门为人们管理股票市场的价格风险而设计的。

我们知道投资者在股票市场上面临的风险可分为两种。一种是股市的整体风险，又称为系统风险，即所有或大多数股票的价格一起波动的风险。另一种是个股风险，又称为非系统风险，即持有单个股票所面临的市场价格波动风险。那么怎么避险呢？你可能会说不要把鸡蛋放在一个篮子里，多买几种股票。不错，通过投资组合，即同时购买多种风险不同的股票，是可以较好地规避非系统风险，但却不能有效地规避整个股市下跌所带来的系统风险。

进入20世纪70年代以后，西方国家股票市场波动日益加剧，股票投资者迫切需要一种能够有效规避风险、实现资产保值的金融工具。于是，股票指数期货应运而生。它的兴起，一方面给拥有股票和将要购买或抛出股票的投资者提供了转移风险的有效工具，另一方面也给了期货投机者以投机的机会，使得股票指数期货迅速得到了不同投资者的青睐。

在股指期货的运用策略上，股票指数期货市场具有套期保值功能、价格发现功能、市场套利功能和指数化投资功能。这些功能从规避风险、价差投机、风险投资和资产组合的层面上形成了有效的投资及风险控制网。

股票的价格总是要上下波动的。期权如果使用得当，可以减少这种波动性。在套期保值方面，同样是衍生品，同期货相比，期权的杠杆力较小，因而投机性也较小，对个体投资者来说，它们就更有吸引力。对机构投资者来说，期权提供了一个可以用来建立和解脱大宗头寸的工具。同时，如果使用得当，在一个疲软的市场里，训练有素的期权交易还可以增进股票投资者的收入。

因此，我们知道了股票指数期货交易的实质，就是投资者将其对整个股票市场价格指数的预期风险转移至期货市场的过程，通过对股票趋势持不同判断的投资者的买卖，来冲抵股票市场的风险。由于股票指数期货交易的对象是股票指数，以股票指数的变动为标准，以现金结算为唯一结算方式，交易双方都没有现实的股票，买卖的只是股票指数期货合约。

不过股指期货在发展的过程中也遇到一些波折。1987年10月19日，美国华尔街股市单日暴跌近25%，从而引发令全球股市重挫的金融风暴，即著名的"黑色星期五"。虽然事过二十余载，对如何造成恐慌性抛压，至今众说纷纭。股票指数期货一度被认为是"元凶"之一，使股票指数期货的发展在那次股灾之后进入了停滞期。即使是著名的"布莱迪报告"也无法确定期货交易是唯一引发恐慌性抛盘的原因。事实上，更多的研究报告指出，股票指数期货交易并未明显增加股票市场价格的波动性。

后来，为了防范股票市场价格的大幅下跌，包括各证券交易所和期货交易所还是采取了多项限制措施。如纽约证券交易所规定道琼斯30种工业指数（相关，行情）涨跌50点以上时，即限制程式交易的正式进行。期货交易所则制定出股票指数期货合约的涨跌停盘限制，借以冷却市场发生异常时恐慌或过热情绪。

我国的股指期货从2014年4月16日上市至今，也曾被少数人误认为是大盘下跌的元凶。然而，通过研究显示，股指期货有着优异的价格发现功能，并不是砸盘的工具。一个合约总值不过300亿元的市场，怎么可能撬动数以万亿为单位的现货市场。而首批投资者对该品种的适应能力也值得称道：他们不仅保证了股指期货市场的顺利运行，创造上市以来从来没有投资人被强制平仓的纪录，更令股指期货市场发挥了优异的价格发现功能。

那么股指期货交易有哪些特点呢？

首先，股指期货合约的交易对象既不是具体的实物商品，也不是具体的金融工具，而是衡量各种股票平均价格变动水平的无形的指数。合约的交易单位是以一定的货币与标的指数的乘积来表示，以各类合约的标的指数的点数来报价的。股指期货的交易主要包括交易单位、最小变动价位，每日价格波动限制、合约期限、结算日、结算方式及价格等。以香港恒生指数交易为例，交易单位是50港元×恒生指数，最小变动价位是1个指数点（即50港元），即恒生指数每降低一个点，则该期货合约的买者（多头）每份合约就亏50港元，卖者每份合约赚50港元。

其次，一般商品和其他金融期货合约的价格是以合约自身价值为基础形成的，而股指期货合约的价格是股指点数乘以人为规定的每点价格形成的：股指期货合约到期后，合约持有人只需交付或收取到期日股票指数与合约成交指数差额所对应的现金即可了结交易。比如投资者在9000点买入1份恒生指数期货合约后，一直将其持有到期，假设到期日恒生指数为10000点。则投资者无须进行与股票相关的实物交割，而是采用收取5万元现金〔（10000-9000）×50〕的方式了结交易。这种现金交割方式也是股指期货合约的一大特点。

最后，期货具有套期保值功能。利用股指期货进行套期保值的原理是根据股票指数和股票价格变动的同方向趋势，在股票的现货市场和股票指数的期货市场上作相反的操作来抵消股价变动的风险。股指期货合约的价格等于某种股票指数的点数乘以规定的每点价格。各种股指期货合约每点的价格亦不尽相同。

我们假设某投资者在香港股市持有总市值为195万港元的10种上市股票。该投资者预计东南亚金融危机可能会引发香港股市的整体下跌，为规避风险，进行套期保值，在13000点的价位上卖出3份3个月到期的恒生指数期货。随后两个月，股市果然大幅下跌，该投资者持有股票的市值由200万港元贬值为150万港元，股票现货市场损失45万港元，这时恒生指数期货亦跌至10000点，于是该投资者在期货市场上以平仓方式买进原有的3份合约，实现期货市场的平仓盈利45万港元〔（13000-10000）×50×3〕，期货市场的盈利恰好抵消了现货市场的亏损，较好地实现了套期保值。同样，股指期货也像其他期货品种一样，可以利用买进卖出的差价进行投机交易。

举足轻重的金融衍生品期权

请看这样一个案例：1月1日，标的物是铜期货，它的期权执行价格为1850美元/吨。A买入这个权利，付出5美元；B卖出这个权利，收入5美元。2月1日，铜期货价上涨至1905美元／吨，看涨期权的价格涨至55美元。A可采取两个策略：

行使权利——A有权按1850美元/吨的价格从B手中买入铜期货；B在A提出这个行使期权的要求后，必须予以满足，即便B手中没有铜，也只能以1905美元/吨的市价在期货市场上买入而以1850美元／吨的执行价卖给A，而A可以1905美元/吨的市价在期货市场上抛出，获利50美元/吨（1905-1850-5）。B则损失50美元/吨（1850-1905+5）。

售出权利——A可以55美元的价格售出看涨期权、A获利50美元/吨（55-5）。

如果铜价下跌，即铜期货市价低于敲定价格1850美元／吨，A就会放弃这个权利，只损失5美元权利金，B则净赚5美元。

这是期权交易的一种——看涨期权。1973年，当芝加哥期权交易所开始交易期权时，16个股票的期权只有911手合约的交易。但是经过数十年的发展，今天，世界上有50多家交易所挂牌交易期权，每年的交易量高于60亿手合约。那么，使得期权迅猛发展的原因是什么呢？

期权是在期货的基础上产生的一种衍生性金融工具，说白了就是一种选择权。当期权的买方向卖方支付一定数额的权利金后，就获得这种权利，即拥有在一定时间内以一定的价格（执行价格）出售或购买一定数量的标的物（实物商品、证券或期货合约）的权利。期权的买方行使权利时，卖方必须按期权合约规定的内容履行义务。相反，买方可以放弃行使权利，此时买方只是损失权利金，同时，卖方则赚取权利金。总之，期权的买方拥有执行期权的权利，无执行的义务；而期权的卖方只是履行期权的义务。

期权发展得非常迅速，已经从股票期权发展到了债券期权、商品期权、能源期权、股票指数期权、掉期期权、信用期权等几乎所有有期货的基础市场并从第一代标准期权发展到了有特殊目的和用途的第二代甚至第三代期权，成为交易所交易和柜台交易衍生产品的重要组成部分，甚至后来期权交易增长速度超过了相应的期货。根据国际清算银行2003年的数据，全球交易所交易的期权合量从2002年以来超过了相应的期货交易量，而持仓总量从1999年就超过了相应的期货持仓量。期权已经成为国际交易所交易的衍生产品的生力军。

期权交易作为期货交易基础上产生的一种全新的衍生产品

和有效的风险管理工具，它具有独特的经济功能和较高的投资价值。一是期权更有利于现货经营企业的套期保值，他们通过购买期权，可以避免期货交易中追加保证金的风险。二是期权有利于发展订单农业及解决"三农"问题。美国政府就通过向农场主提供期权权利金的财政补贴及支付交易中的手续费等形式，以引导、鼓励农民进入期权市场，这方面的经验值得我们借鉴。三是期货投资者可以利用期权规避市场风险。期权可以为期货进行"再保险"，二者的不同组合，可以构造多种不同风险偏好的交易策略，为投资者提供了更多的交易选择。因此，期权是一种有效的风险管理工具。

按执行时间的不同，期权主要可分为两种：欧式期权和美式期权。欧式期权，是指只有在合约到期日才被允许执行的期权，它在大部分场外交易中被采用。美式期权，是指可以在成立后有效期内任何一天被执行的期权，多为场内交易所采用。

期权主要有如下几个构成因素：①执行价格（又称履约价格）。期权的买方行使权利时事先规定的标的物买卖价格。②权利金。期权的买方支付的期权价格，即买方为获得期权而付给期权卖方的费用。③履约保证金。期权卖方必须存入交易所用于履约的财力担保。④看涨期权和看跌期权。看涨期权，是指在期权合约有效期内按执行价格买进一定数量标的物的权利；看跌期权，是指卖出标的物的权利。当期权买方预期标的物价格会超出执行价格时，他就会买进看涨期权，相反就会买进看跌期权。

前面我们已经举过看涨期权的例子，现在再来看一个看跌期权的案例。

比如，1月1日，铜期货的执行价格为1750美元／吨，A买入这个权利付出5美元；B卖出这个权利，收入5美元。2月1日，铜价跌至1695美元／吨，看跌期权的价格涨至55美元/吨。此时，A有两个选择：

行使权利——A可以按1695美元／吨的中价从市场上买入铜，而以1750美元／吨的价格卖给B，B必须接受，A从中获利50美元/吨（1750-1695-5），B损失50美元/吨。

售出权利——A可以55美元的价格售出看跌期权。A获利50美元/吨（55-5）。

如果铜期货价格上涨，A就会放弃这个权利而损失5美元权利金，B则净赚5美元。

从这个例子中我们可以看到：①作为期权的买方（无论是看涨期权还是看跌期权）只有权利而无义务。他的风险是有限的（亏损最大值为权利金），但在理论上获利是无限的。②作为期权的卖方（无论是看涨期权还是看跌期权）只有义务而无权利，在理论上他的风险是无限的，但收益是有限的（收益最大值为权利金）。③期权的买方无须付出保证金，卖方则必须支付保证金以作为必须履行义务的财务担保。

下面我们再具体说一下投资者们最关心的期权合约。每一期权合约都包括四个特别的项目：标的资产、期权行使价、数量和行使时限。

标的资产。每一期权合约都有一标的资产，标的资产可以是众多的金融产品中的任何一种，如普通股票、股价指数、期货合约、债券、外汇等。通常，把标的资产为股票的期权称为股票期权，如此类推。所以，期权有股票期权、股票指数期权、外汇期权、利率期权、期货期权等，它们通常在证券交易所、期权交易所、期货交易所挂牌交易，当然，也有场外交易。

期权行使价。在行使期权时，用以买卖标的资产的价格。在大部分交易的期权中，标的资产价格接近期权的行使价。行使价格在期权合约中都有明确的规定，通常是由交易所按一定标准以减增的形式给出，故同一标的的期权有若干个不同价格。一般来说，在某种期权刚开始交易时，每一种期权合约都会按照一定的间距给出几个不同的执行价格，然后根据标的资产的变动适时增加。至于每一种期权有多少个执行价格，取决于该标的资产的价格波动情况。投资者在买卖期权时，对执行价格选择的一般原则是：选择在标的资产价格附近交易活跃的执行价格。

数量。期权合约明确规定合约持有人有权买入或卖出标的资产数量。例如，一张标准的期权合约所买卖股票的数量为100股，但在一些交易所亦有例外。如在香港交易所交易的期权合约，其标的股票的数量等于该股票每手的买卖数量。

行使时限（到期日）。每一期权合约都具有有效的行使期限，如果超过这一期限，期权合约即失效。一般来说，期权的行使时限为一至三、六、九个月不等，单个股票的期权合约的有效期间至多约为九个月。场外交易期权的到期日根据买卖双方的需要量身定制。但在期权交易场所内，任何一只股票都要归入一个特定的有效周期。有效周期可分为这样几种：一月、四月、七月、十月；二月、五月、八月和十一月；三月、六月、九月和十二月。它们分别称为一月周期、二月周期和三月周期。

第6章

国际金融中心的变迁

国际金融中心(International Finance Centre)是指聚集了大量金融机构和相关服务产业，全面集中地开展国际资本借贷、债券发行、外汇交易、保险等金融服务业的城市或地区。是能够提供最便捷的国际融资服务、最有效的国际支付清算系统、最活跃的国际金融交易场所的城市。

从17世纪开始，国际金融中心的竞争就像一场没有硝烟的战争，从来就没有停止过。

三城记：金融中心变迁史

2010年7月，新华社旗下中经社控股联手芝加哥商业交易所集团（CME）指数服务公司（道琼斯指数公司），在上海共同推出"新华-道琼斯国际金融中心发展指数"（IFCD INDEX）。

IFCD INDEX通过综合66项客观指标、2386份主观调查问卷，对全球45个国际金融中心城市的发展能力进行综合评价，其中客观指标体系主要包括金融市场、成长发展、产业支撑、服务水平和综合环境五个方面。

数据显示纽约取代伦敦位居全球第一名；IFCD INDEX共选取了45个国际金融中心城市，其中排在前10位的分别是纽约、伦敦、东京、香港、巴黎、新加坡、法兰克福、上海、华盛顿和悉尼。

那么什么是金融中心呢？金融中心有哪些特征呢？历史上又有哪些城市成为过金融中心呢？

从17世纪开始，国际金融中心的竞争就像一场没有硝烟的战争，从来就没有停止过。金融市场齐全、服务业高度密集、对周边地区甚至全球具有辐射影响力是国际金融中心的基本特征。目前，公认的全球性国际金融中心是伦敦、纽约。除此之外，世界上还存在许多区域性的国际金融中心，如欧洲的法兰克福、苏黎世、巴黎，亚洲的香港、新加坡和东京等。

在17世纪，荷兰阿姆斯特丹成为真正意义上的第一个国际金融中心。阿姆斯特丹是荷兰最大的城市和第二大港口，优越的区位优势使其成为东方贸易的重要港口，并推动金融业务的创新发展。1609年成立的阿姆斯特丹银行是历史上第一家取消金属币兑换义务而发行纸币的银行，同时也是第一家现代意义上的中央银行。阿姆斯特丹还拥有发达的金融市场，1609年成立的阿姆斯特丹股票交易所是历史上第一个股票交易所。此后，17世纪发生的"郁金香泡沫"事件导致荷兰经济从此走向衰落，阿姆斯特丹也随之丧失了国际金融中心的地位。

19世纪，第一次产业革命成就了伦敦的国际金融中心地位。借助第一次工业革命，19世纪50年代英国在世界工业生产和世界贸易中傲视群雄，伦敦也逐渐成为全球生产中心和世界贸易中心。伴随着19世纪最后20年国际金本位制的确立，英国积累了大量的黄金储备，英镑成为国际贸易最主要的结算货币和支付手段，伦敦的国际金融中心地位在第一次世界大战前得以确立，成为全球第一大国际金融中心。伦敦的国际金融中心地位与国际贸易紧密相连。英国将产品销往到世界各地，又将赚取的资金输回伦敦。国际贸易的发展进一步使伦敦将国内业务扩展到国际业务。伦敦成为资金供给方、需求方的中介，为世界贸易提供结算和融资服务，金融交易日益活跃，大小银行相继产生，银行体系日益完善。另一方面，英国开始对外输出资本，在遍布全球的殖民地进行投资，成为最大的债权国。当东印度公司和南海公司相继上市之后，股票的销售和流通更加顺畅，伦敦逐步登上国际金融中心的宝座。

19世纪后半叶，美国纽约也登上了金字塔的顶端。早在17世纪中后期，无与伦比的天然优势就给纽约带来了商业和贸易的繁荣。伴随着经济的繁荣，场外股票交易逐渐在纽约的华尔街兴盛起来。美国1865年的南北战争，华尔街为北方政府提供资金支持，最终取得了战争的胜利，纽约也因此超越费城，成为美国最重要的金融中心。1914年，"一战"爆发，美国选择中立，积极发展本国经济。1913年，美国的工业生产总值占世界的31%，1929年迅速上升到48%，世界经济中心开始转移至美国。1939年，"二战"爆发，美国本土又一次远离战场的硝烟。"二战"之后，在经济和政治利益的驱动下，纽约的贸易和金融活动日益繁荣，美国扩张资本输出。美元也通过布雷顿森林体系彻底击败英镑，成为新一轮货币霸主，从此纽约与伦敦双雄对峙。美国利用政治手段和军事力量，在欧洲推行马歇尔计划，在亚非拉地区援助参战国恢复国内经济，纽约也将金融活动的触角伸向世界的各个角落，纽约国际金融中心的地位保持至今。

但是争夺国际金融中心的竞争从未停止过，特别是在20世纪70年代后，发达国家开始放松金融管制，全球开始掀起金融自由化浪潮，出现了融资证券化趋势。在国际融资活动中，债券融资超越银行融资，后来居上，股票海外上市融资也成为热点。融资证券化也掀起新一轮的国际金融中心较量和争夺，纽约、伦敦、东京相继大刀阔斧改革，以顺应趋势。

在20世纪70年代，纽约为进一步提升国际金融中心地位，进行了一场"五月花革命"。1975年5月1日，美国证券交易委员会决定取消固定佣金制，实现证券交易手续费的自由化，允许各经纪公司在收取佣金上自由竞争，可以按交易额的大小决定佣金的比例，相应取消交易集中于证券交易所的限制。佣金的自由化使证券公司面临收益减少的压力，一些券商就拓展服务范围和水平，推出"全套服务"进行竞争。另外，券商为了吸引小额资金，开发清算性账户。这是一次爆炸性的革命，它推动了美国金融创新，促进了券商之间的竞争，吸收资金能力增强等，为纽约作为国际金融中心创造了自由空间。

老牌金融中心伦敦也不甘示弱，1986年10月英国开始实施金融大爆炸改革。改革是紧紧围绕恢复伦敦国际金融中心地位展开的，改革内容涉及一系列措施，包括实现证券手续费的自由化，降低印花税率等;废除证券自营商和经纪商相分离的制度，经纪人可以兼做自营买卖;伦敦证券交易所还开放外国证券商的加入，允许他们成为会员，等等。可以说英国的金融大爆炸改革获得了巨大成功，彻底巩固了伦敦最大金融中心地位。不论是银行贷款还是股票交易、外汇交易等，伦敦比纽约都略胜一筹。

加入战局的还有后起之秀东京。在20世纪90年代，日本泡沫经济崩溃，金融业受到重挫，大量的金融资产和交易活动离开东京，而伦敦、纽约却在不断发展完善。为了参与国际金融中心地位的角逐，1996年日本也实行了金融改革。改革的目标是实现日本金融业的"三化"，即自由化、公正化和国际化。这一改革在一定程度上改变了日本僵化的金融体系，扩大了金融机构的活动范围，增强了各种市场上的竞争，巩固和提高了东京的国际中心地位。但是东京的交易规模还有国际影响力远远逊于伦敦和纽约。

这里还需要说明的是，除了以上列举的金融中心外，20世纪70年代后还出现了许多离岸金融中心。避税型离岸金融中心的特点是资金流动几乎不受任何限制，且免征有关税收；资金来源于非居民，也运用于非居民；市场上几乎没有实际的交易，金融活动局限于记账和转账。优惠的政策便于企业开展跨国经营，不论是从金融机构数量、类型还是金融机构的资产负债总量，离岸业务规模都非常庞大，已经成为这些国家的支柱产业。

离岸金融中心也削弱了纽约金融中心的地位。一些"避税港"，如巴哈马、巴林、开曼群岛等，用税收制度、监管制度等方面的优惠，吸引世界各地的银行。其他地区争相效仿，离岸金融中心遍布全球。

逐鹿亚洲：金融中心花落谁家

高盛曾经发表了一个预测报告：未来10年内若实现货币自由

兑换和A股市场的开放，上海将在2020年成为亚洲金融中心。这意味着以中国香港为代表的亚洲金融中心需要寻找自身适当的竞争优势。上海会成为未来的亚洲金融中心吗？它都有哪些有力的竞争对手呢？

　　谁会成为亚洲的金融中心？上海、香港、孟买、悉尼、东京、新加坡还有首尔都卷入了这场竞争之中。群雄逐鹿，最后谁是王者呢？

　　在回答这个问题前，我们先看看怎样才算是金融中心。

　　在纽约或是伦敦，不管你是早上刚起床、白天上班还是晚上临睡，总会有各种渠道看到或者听到来自全球各地的资讯，不仅是股市、期货、外汇这些金融信息，还有政治、社会等方方面面的最新资讯；在纽约或是伦敦的任何一家酒店或是咖啡馆，滚动播放财经新闻的都有很多电视频道，随时随地，只要你打开电视或是翻开报纸，全球的最新资讯都能即时呈现。

　　金融中心的地位是建立在多种资源条件的综合优势之上的，是在一系列供给和需求因素的推动下形成和巩固的，不是只要经济发达就可以做到。根据历史经验和相关研究成果，可将这些条件概括如下：强大繁荣的经济基础；安定和平的政治环境；高效健全的金融制度；分布集中的金融机构；鼓励扶持的政策取向；低廉合理的税费成本；完备齐全的基础设施。

　　而金融中心的发展模式大体有两种。一是大国模式，即凭借足够大的内需推动大而全的金融体系全面发展，如纽约、伦敦。

金融中心的形成依赖强大繁荣的经济基础，包括大规模的经济腹地、快速增长的贸易和内需。另一种是小国模式，即专注发展有专业优势的金融业务，以建立超越本国经济实力的金融地位，如瑞士苏黎世。

那我们就来把各个有实力的竞争对手一一分析比较一下：

香港是最具优势的竞争者。香港是亚洲的一个重要的国际金融中心，也是中国的门户，目前已吸纳了370家大陆上市公司。它吸引投资者的优势在于：没有资本控制，独立的司法体系，低税率，媒体言论自由以及快捷的机场效能。香港金融最早是以银行业闻名天下。根据美国学者李德的研究，早在20世纪初，香港便位列全球"十大国际银行中心"之一。而香港作为亚太金融中心的崛起，始于20世纪70年代末。当时，香港解冻了银行牌照，使得外资银行大举涌入。

亚洲金融风暴之后，日资银行撤退和银行间并购导致香港金融机构数量下降。1996年年底，香港包括持牌银行、有限制持牌银行和接受存款公司在内的认可机构是368家，而到2006年则减至202家。

不过，香港金融机构素质并未因此下滑，反而有所提升。谢国忠指出，在全球前100家大型银行中，有69家在香港设立了分支机构，而香港认可金融机构的资本背景来自30多个国家，香港仍是国际银行网点最集中的地区之一。

香港不利的因素是过分地依赖大陆，金融兑换也限制了产品的范围，以及环境污染。批准外资运作的手续繁杂，如一个套利基金管理者申请开户，在新加坡最多只需2周，在香港则需4～8周。

上海是快速上升的金融明星。事实上，上海在1949年以前就是亚洲的金融中心，今天仍是国内的商业、金融及贸易中心。上海已形成较完善的金融机构和市场体系。目前，上海主要中外资金融机构近千家，并形成以资本、货币、外汇、商品期货、金融期货、黄金、产权交易和再保险市场等为主要内容的现代金融市场体系。许多全国性金融机构的主要营运中心、交易中心、票据中心、离岸业务中心、授信评审中心、数据处理中心和研发中心等纷纷迁至上海。九成以上的外资银行选择上海作为注册地，上海外资法人银行数量达14家，在沪外资银行资产占全国外资银行资产总额的近60%。

上海最强有力的优势在于雄厚的经济实力和经济辐射能力。长三角地区以其占国土面积1.1%的区域形成占国内生产总值19%的经济规模，成为中国最活跃的经济一体化地区，堪称中国经济龙头。强有力的经济支持和金融需求是金融中心建设最重要的驱动力。

上海还有两个独特的优势。首先上海是中国最大的港口城市，具备良好的工业和服务业基础，上海汇集一批著名大学、研究院和培训基地，其人员素质和学术水平在国内均名列前茅。其次，上海与东京、新加坡等相邻或处同一时区，可与伦敦、纽约构建连续24小时的接力营业交易。

但是要成为真正的金融中心，上海还有很多问题。

总结起来，制约上海成为国际金融中心的主要因素是：金融企业跨地区、跨领域金融活动及金融资源跨地区流动受现行政策、体制等各种因素制约，难以完全按市场规则流动和集聚；国际化金融人才缺乏，特别是既懂国内金融又懂国际金融规范运作的金融人才奇缺；金融中介机构发育很不成熟；短期内难以让市场机制充分发挥作用；金融区体量和集中度不够，无法聚集更多金融机构。

新加坡是开放国际大都会。新加坡目前已成为东南亚主要金融中心，并从该地区经济复兴中获益匪浅。它的主要发展战略是：利用具有竞争力的规章制度、低税率和严格的法律来促进民营银行、套利基金和房地产业的繁荣；另外，新加坡外资获准手续便捷，办理一只装饰品套利基金只需24小时即可完成。2006年就有24家套利基金在此落户，而与之相比，香港则只有8家。目前，至少有15家日本套利基金在新加坡运营；文化因素也是竞争成功的一个不可或缺的条件，新加坡计划引入Ⅰ级方程式大奖赛，并准备开设两个大型娱乐场所。

那么新加坡是否就是未来的金融中心呢？这可不一定。新加坡的不足之处在于本土市场太小，因此，需要依靠与中国、印度的贸易来维系其发展。

再看曾经风光一时的东京。日本是世界第二大经济体，拥有全球第二大股票市场，但该国对亚洲主要金融中心的角色并非十拿九稳。因为日本的注意力几乎全部都在国内——由于监管障碍，东京证交所自2004年以来只吸引了4家外国企业上市，而新加坡仅在去年便吸引了逾40家外国企业。为了解决这个问题，日本的几个政府部门正在制订计划，以期明显改变监管环境，并借此提升东京成为跨境金融领袖的机会。

虽然东京在推行改革以吸引国际投资，但在管理环境方面既热情过度又反复无常。日本一些移居海外的人士也对东京的税收过高和教育条件不佳表示不满。

鼓励竞争的首尔。不甘落后的韩国也对整个金融系统进行了"大规模"重组。为了在竞争中不致出局，韩国政府发起了一场大规模的银行业重组及现代化运动，鼓励他们通过竞争、调整和创造，力争使首尔变成亚洲地区的金融中心。韩国是亚洲第四大经济体，自1997年金融危机之后已向外资敞开门户。首尔证券市场资金约1/2被外国投资者掌控。

外资成为韩国金融的一个特点，根据韩国《外国人投资促进法》，外国投资者向国内企业注入资本等投资行为都得到允许与鼓励，韩国约有45%的股票由外国投资者持有，而韩国金融机构中国外投资者份额高达40%左右。

这些海外投资者，还有不少占据了大股东地位，韩国第一大银行韩国国民银行便是如此，在这个银行当中，其外资持股高达85%。在这个民族主义盛行的国家，对待这种情况，也并非没有质疑的声音。不少韩国人批评外国投资者仅追求有丰厚红利的短期投资，对外国投资者敌意收购的企图和不正当的介入管理颇为不满。

首尔的金融中心计划分为两个阶段：第一阶段在2012年前成

为地区特殊化金融中心，其间强调以韩国的资产管理优势和东北亚地区开发金融的需求为基础，建立地区特殊化金融中心；第二阶段则是在2020年前谋求成为亚洲金融中心，积极吸引大型国际金融机构在首尔设立亚洲总部。

然而，由于管理政策原因，缺少讲英语的人群以及日益高涨的仇外情结，其竞争力大打折扣。

新兴的商业中心孟买。孟买是印度无可争议的第一大商业中心，随着印度近年经济增速在9%的高位运行，其地位仍在上升。它以英语为基础的成熟的资本主义经济，具有深度的流通市场，很适合欧洲人的口味，并且还有着当地培训的大量人才的优势。

然而，泛滥的官僚主义作风及糟糕的基础设施，卢比仍未能自由兑换，这些都将削弱孟买的竞争力。

此外，基础设施过于落后也制约了孟买的发展。

孟买只有一条贯穿南北的交通动脉，连接南部的商业中心和北部的机场。汽车、卡车、三轮脚踏车、电单车等在崎岖不平、坑洼遍地的道路上纠缠不清，带来层出不穷的交通混乱、事故和争端。

孟买没有地铁，殖民时期的火车仍然是印度人最主要的交通工具。当地居民抱怨：在过去35年中，孟买的轨道列车变得越来越拥挤，每一节车厢通常会挤进700人，而国际安全标准是200人。为了让交通系统跟上城市的发展，1977年，孟买开始实施城市第一阶段交通项目，项目耗资3.9亿卢比。但由于将注意力过分集中在公交车网络上，建造了大量的立交桥，对于城郊铁路的建设却停留在原地，孟买上班高峰期交通仍然拥挤不堪。

孟买还拥有亚洲最大的贫民窟，其人数比挪威的总人口还多。根据麦肯锡公司的报告，在孟买北部的贫民窟，平均1300人只拥有一辆公交车，每100万人只拥有17个公共厕所。世界银行的数据显示，平均每35人就应该有一个厕所。但在容纳超过孟买一半人口的贫民窟，仅有9000个厕所。如果所有住在贫民窟里的居民要排队上厕所，须得排上8天才能得到"方便"的机会。

紧追慢赶的悉尼。澳大利亚也期望成为世界顶级资产管理中心。它每年掌管的资产总数约1万亿美元，居世界第四位。澳国专家有信心至2015年升为全球第二，届时所管辖的资产将高达1.8万亿美元。

悉尼经济体系里最大型、拥有最大部分在职人士的行业包括财产及商业服务业、零售业、制造业、健康及社会服务业。自1980年代起，职位从制造业迁移至服务及资讯行业。

现在，悉尼发展成澳大利亚最大的集团与金融中心，也是亚太地区的重要金融中心。悉尼是澳大利亚证券交易所、澳大利亚储备银行以及许多本国银行与澳大利亚集团的全国总部。悉尼也是不少跨国集团的地区总部。

但是在金融危机后，悉尼遭到重创，在国际金融中心排名中，从第10降至第16位。

一场金融危机让亚洲金融中心的争夺发生了微妙的变化，中国非但没有退缩，反倒更明确提出到2020年把上海基本建成国际金融中心和国际航运中心的目标。但是与伦敦和纽约这两大传统金融中心相比，上海要走的路显然还有很长一段。希望上海能够另辟蹊径走一条中国特色的国际金融中心之路。

美元贬值：毫无遮掩的抢劫

美元贬值曾让国人议论纷纷，其实美国之前就曾做过这样的事情。1971年12月13～14日，美国总统尼克松和法国总统蓬皮杜在大西洋中的葡属亚速尔群岛举行会谈。在会谈结束后发表《的联合公报》中宣布，美、法双方同意，在同其他有关国家合作下，"努力通过美元贬值和其他一些货币升值来迅速重新调整兑换率"，作为尽早解决资本主义世界长期争吵不休、陷于僵局的国际货币危机问题所必须采取的一个措施。

那么美元贬值究竟意味着什么呢？它对世界经济又将产生怎样的影响？

我们说，了解世界经济的关键在于理解美国经济；理解美国经济的关键在于理解美国国际收支平衡，以及美元走势。因为由于美元贬值，石油及央行美元正等通过主权财富基金的方式参与全球财富转移。

美元贬值是全球价格上涨的罪魁祸首，因为，一切以美元计价的产品，价格必然在美元贬值的过程中上涨。在布雷顿森林体系中，美元作为双挂钩的中间货币，确立了美元在全世界经济中的核心地位，以及在全球金融体系中的核心地位。目前，世界上唯独美国在进口产品时不需要考虑国库中有没有能够用于国际结算的货币，因为美元本身就是国际结算货币，这就奠定了美国向世界滥发货币的基础。美国可以随便向全世界征收铸币税。到目前为止，人类的财富很大一部分是用美元这种资产形式表示的。既然美元大幅贬值，就意味着以美元这种资产形式保存的财富将会大幅缩水，这就使国际上一些机构改变持有财富的美元资产形式，而转换到其他资产上去。

情况发展到了现在，这次全球性财富转移已经形成了恶性循环。为什么这样说呢？因为在包括炒作在内的各种因素作用下，世界主要产品价格已经大幅上涨，例如，原油、粮食、资源性产品等，这些产品价格的提高，必然导致全球性的通货膨胀。而通货膨胀本可以通过提高利率等手段加以控制，但偏偏在美国发生了次贷危机，这不仅牵制美国提高利率，还要美国联邦政府不断注入资金，以增加资产的流动性，帮助企业度过危机。在美国国内通胀不能控制的情况下，必然导致美元进一步对外贬值，而美元的贬值又将进一步创造出投机空间，推高世界产品价格。这种恶性循环会帮助国际炒家不断地进行财富转移。

还有一个原因也推高了世界产品价格，全球通胀导致产油和炼油成本提高、粮食生产成本提高，可以说在通胀和美元贬值间形成了新的恶性循环。

所以，理解世界经济的关键，在于理解美国经济。理解美国经济的关键，在于理解美国的国际收支平衡，以及美元的走势。

至少在新的世界性货币出现以前，这是有效的分析思路。

美元贬值将造成我国巨量的外汇储备大量缩水，也相当于美国在光天化日之下公然掏中国的腰包。什么导致石油价格上涨？一是世界经济增长；二是中东等主要产油国供应不稳定；三是国际游资炒作。据估算，石油价格上涨有1/3以上因素是投机造成的。金价为什么涨？一是美元贬值；二是黄金是财富保值手段。"盛世收藏乱世金"。金价的持续上涨表明，大家对世界经济的未来并不看好。

那么，美元为什么要贬值？

首先，美元是美国货币。美国贸易逆差，表明美国同时要相应向外输出美元。这么多的美元充斥世界市场，导致全世界美元泛滥，供大于求，就必然有促使美元贬值的压力。除非美国的贸易逆差和经常账户逆差有所改善，美元对其他主要货币的汇率不可避免地还要进一步下降。美元贬值还与美国国内的利率和通货膨胀有关。

其次，弱美元、高油价——美国当前核心利益的现实选择，市场的力量至少与美国政府的意图形成了某种"共识"。从根本上讲，油价上升是美国解决其庞大的国家负债的重要选择。这才是美国的核心利益所在，是美国政府制定一切政策的定位点。

次贷危机以来，美国经济正在艰难地复苏。而推动经济复苏的最佳武器就是美元贬值。这样就会推高石油、农产品以及各种上游原材料的价格。原材料价格的持续强劲上涨，将会对下游产品实现一个强制性的价格传递过程，从而打破社会的通缩预期，反过来形成这样一个局面：企业必须加快投资，等待将会使得成本提高；同时增加库存，库存会带来良好收益；消费者也不会再持币观望，因为终端产品的价格将随着成本的增加而提高。设想一下美元在短期内大幅走强会是什么后果？石油和其他原材料价格会应声大幅下跌，美国立即陷入通缩恶性循环，经济复苏全面中断。

第三，美国次贷危机是全球经济长期失衡所累积的负面因素的总爆发。问题的实质是，美国过度消费，不储蓄，通过滥发美元毫无节制地膨胀其债务，美国政府及家庭都债台高筑，个人储蓄率下跌至接近零，国家及家庭的总负债相当于GDP的350%。故此，如果按照一个经济的自然调整逻辑应该是，美国政府要大幅削减其开支，房价下跌使得居民消费需求萎缩，逐步减少其对外债务的比重，这样美元重新获得支撑，资金才可能真正回流美国，摆脱其信用高度紧缩的状态。

第四，美国的资产和货币配置方式，决定了美元贬值可以增加美国财富。一项统计数据显示，布雷顿森林体系解体以后的30年间（1973～2004），美国持有的外国资产平均回报率为6.82%，而外国持有的美国资产回报率只有3.50%，两者相差3.32个百分点。以目前10.4万亿美元的资产大置换规模来算，美国每年得到净收益3450亿美元。这个来自金融渠道的财富增加值，已经远远超过了实体经济渠道的GDP增加值。

这意味着，仅从这一点讲，美国的财富增加手段已经发生了质变，扬弃了实体经济手段，金融手段已经占据主导地位。

当前资产置换的规模高达10.4万亿美元，这就意味着：美元如果贬值10%，美国持有的海外资产相对于外国持有的美国资产就升值10%，国民财富相应地增加1.04万亿美元，相当于美国GDP的7.9%。美国要想踏踏实实创造出这么多GDP增量，起码要用三年以上的辛勤劳动，但有了美元贬值这个"增加财富的便巧机制"，就可以坐享其成，不费吹灰之力。

再追问一句，美元持续贬值，会不会威胁它世界货币的霸权地位？答案是不仅不会，反而会强化。

就商品市场而言，黄金、石油这两大战略物资的定价权都控制在美国手中，美国还以超过8000吨的储备成为世界最大的黄金储备国。黄金是世界各国央行应对通胀维持货币稳定的重要工具，一旦世界经济出现风吹草动，各国央行就会购买黄金规避风险。石油则是现代经济发展的命脉。美国乐于用美元贬值来推动这两大商品价格大幅上涨的理由是，在价格上涨时，其他国家必定耗费巨额美元外汇来购买，美元需求上升，美元地位也随之强化，顺便还可以消化部分美国国债。

这还不算完，美国拥有全球实力最雄厚、设计最复杂的金融市场。当黄金和石油价格涨到一定程度，泡沫堆积足够疯狂之后，美国只要轻轻戳破这个泡沫就能大把大把地赚钱：美国抛售黄金以套取大量美元，并使国际金价暴跌；同时利用金融杠杆大肆做空石油，致使油价暴跌。就这样，世界财富重新又回到了美国。

国际炒家抢夺财富

1997年，在泰铢波动的影响下，菲律宾比索、印度尼西亚盾、马来西亚林吉特相继成为国际炒家的攻击对象。8月，马来西亚放弃保卫林吉特的努力。一向坚挺的新加坡元也受到冲击。印尼虽是受"传染"最晚的国家，但受到的冲击最为严重。10月下旬，国际炒家移师国际金融中心香港，矛头直指香港联系汇率制。10月23日，香港恒生指数大跌1211.47点；28日，下跌1621.80点，跌破9000点大关。面对国际金融炒家的猛烈进攻，香港特区政府重申不会改变现行汇率制度，恒生指数上扬，再上万点大关。接着，11月中旬，东亚的韩国也爆发金融风暴，17日，韩元对美元的汇率跌至创纪录的1008：1。21日，韩国政府不得不向国际货币基金组织求援，暂时控制了危机。但到了12月13日，韩元对美元的汇率又降至1737.60：1。韩元危机也冲击了在韩国有大量投资的日本金融业。1997年下半年日本的一系列银行和证券公司相继破产。于是，东南亚金融风暴演变为亚洲金融危机。

这是一场由国际炒家掀起的金融风暴。那么国际炒家到底是一些什么样的机构？他们又是怎样抢夺财富的呢？

什么是国际金融炒家呢？用郎咸平的话来说：他们是非常非常非常聪明的一群人，他们的操控手段之复杂是你无法想象的，动用资金能力之强大更是你不可想象的。更可怕的是，他们与政府关系之暧昧，也是你不可想象的。再进一步将他们的特征细化就是他们要么是犹太人，或者是通通的白种人，通常在美国沃顿商学院金融系学习，非常讲究门第出身，就像我们魏晋南北朝一样讲究门派。

这些国际金融炒家在国际金融市场上翻手为云、覆手为雨，大肆抢夺他国的财富。国际金融炒家有三个特性：调动资金能力强大（他们可以短期调动上千亿美元的资本）；和有的国家的政府关系暧昧；资金操作手法非常复杂。

国际炒家们发动金融战争的目的就是取得定价权。你可能感受不到他们的存在，事实上，无论大米、石油、铁矿等价格飞涨的物品都是供大于求的，他们价格上涨的原因就是国际金融炒家"炒"高的。

国际金融炒家通过对定价权的操控，大幅拉抬能源价格，而中国企业误判能源价格的上升源于需求上升，以为是常态。为了确保原料来源，避免进一步损失，从而被国际金融炒家误导进行国际收购以及签订各种形式的套期保值合同，最后，能源价格大跌。可以说，国际金融炒家的最高战略指导思想就是取得定价权，以后可不要用供需关系原理来判断国际大宗货物的价格，因为这些价格往往都为国际金融炒家所操纵。

那么国际金融炒家又是怎么影响我国的物价呢？以大豆为例，东北黑土地上生长的黄金大豆原来是全中国最好的，现在美国大豆进来了，美国大豆比中国大豆好，因为出油量高达23%，而且价格比我们东北大豆便宜12%。刚开始的时候，因为美国大豆便宜，所以大豆油也便宜了，拉低了其他品种食用油的价格。但从此以后，我们的大豆失去了定价权，而由国际炒家取得了定价权。国际粮价大涨，逼得我们食用油价格不得不上涨，造成进口通货膨胀！举例而言，比如我国今年全年农产品供应量10000亿斤，而需求高达10350亿斤，其中供不应求的350亿斤要靠进口，而进口的主要农产品就是大豆。

说完了国际炒家操纵价格的方法，再来说一下其利用游资攻击他国金融体系的手法。我们知道财富转移的一般性做法：如果一国的国际收支状况严重恶化，利率水平过低，存在严重的通货膨胀，并且这些症状还有进一步恶化的趋势，这个国家就可能成为被攻击的对象。另外，一般还要满足两个条件：一是这个国家金融自由化程度较高，资金可以自由进入，金融市场发达，有多种衍生品。二是实行固定汇率制度。

一般情况下，国际炒家会在多个市场同时运作，包括货币、期货、外汇、股票市场。进场时，在目标国的货币市场大量借入当地货币。当机会来临时，炒家会倾其所能攻击目标国外汇市场，大量抛售本币买入美元，以促使本币迅速大幅贬值，被选中国存在巨额收支逆差，很难抵挡巨额抛售。当本币贬值后，炒家再拿外汇到市场上去套购本币，以还清所借当地机构的债务。随着金融市场联动，外汇市场的振荡又会导致股票市场大幅波动。

让我们以索罗斯为例来看一下国际炒家的操作过程。1992年，索罗斯看出英镑的汇率偏高，并决定对其发起进攻，最后导致英镑大幅度贬值，脱离欧洲汇率稳定机制。那么他是怎么做的呢？

　　索罗斯首先买进德国马克，抛出英镑。因为欧洲货币从1987年开始就盯住德国马克，而只能在非常狭窄的范围内波动，可这些国家的经济发展速度却往往落后于德国，特别是1992年欧洲经济衰退以后，造成英镑的定值过高。索罗斯等相信，英国要想重振它的经济，就必须降低利率，但是，一旦利率下降，英镑汇率就一定会疲软，超过欧洲汇率稳定机制所容许的限度。为了不让英镑汇率下跌，英国只能要求英格兰银行买进英镑，将英镑汇率维持在1∶2.7780马克上，英国财长拉蒙特宣称英镑决不退出欧洲汇率稳定机制。索罗斯决定放空70亿美元的英镑，买进60亿美元的德国马克，同时也买进5亿美元的英国股票。他在纽约利用量子基金会的钱，借50亿英镑，按2.97汇率换成马克。在英镑已经承受巨大的下跌压力的情况下，英国要求德国降低利率，然后，它可以相应降低利率，而不改变英镑对德国马克的汇率，却未能得到德国同意。1992年9月16日，英格兰银行只能从它的440亿英镑（788亿美元）的外汇存款中动用150亿英镑（269亿美元）金额买进英镑，但是，仍然止不住英镑下跌的势头。英国政府将利率提高2个百分点，使其达到12%，希望以次阻止资本外流，来缓解英镑汇率下跌的压力，却未能获得预期的效果。英国政府只能在同一天第二次将利率提高到15%。但是，英镑仍然跌势不减。这天下午，英国政府被迫宣布暂停其在欧洲稳定汇率机制中的会员资格，英镑兑马克随即下跌3%。第二天，英镑利率回到10%，英镑却停留在2.65马克上，比以前的欧洲稳定货币机制中的下限下跌了5%。西班牙和意大利货币也大幅度贬值。

　　从上面的故事中我们就可以看出国际炒家的操作习惯。在发现目标国后，国际炒家就开始布局。在布局之前先制定极其详尽的炒作计划，并且常要到目标国进行实地考察，觉得周密安全后才执行。这个布局按行话来说就是建仓。建仓的时间一般较长。这是有原因的：因为资金量大，还要把动作幅度减小，做到人不知鬼不觉。索罗斯在对英国、泰国、中国香港展开金融攻击时，所建的一般是空头仓位。所谓空头仓位，就是市场看跌，准备要卖出的仓位。一般情况下，国际炒家会在多个市场同时运作，包括货币市场、期货市场、外汇市场、股票市场等。他们会从境外携大量资金进入目标国，兑换为本币后，在期货市场或股票市场建仓。比如索罗斯在英国时是在股票市场建仓，建多头仓位；在泰国时是在期货市场建仓，建空头仓位；在外汇期货市场上都是建空头仓。炒家除了自带资金入场外，往往要在目标国的货币市场上大量借入当地货币，借得越多越好，这些资金就是他们日后展开攻击的弹药。建仓完毕后，炒家就静静地等待时机出现。

　　当机会来临时，炒家会倾其所能攻击目标国外汇市场，大量抛售本币买入美元，以促使本币迅速大幅度贬值。由于目标国实行固定汇率制，因此中央银行会尽力买进本币，卖出外汇，以维持汇率稳定。被选中的目标国往往存在巨额国际收支逆差，因此很难抵挡国际炒家的巨额抛售。更何况面对这种情况，许多机构也会跟风抛售本币，因此最终结果往往是目标国政府宣布本币自某日起贬值多少，并实行自由浮动汇率。英国和泰国等国家无一不是出现这样的局面。当本币贬值后，炒家再拿外汇到市场上去套购本币，以还清所借当地机构的债务。由于本币已经大幅贬值，炒家便可以通过原先建的外汇期货空头仓位赚取大笔财富，在还清借款时既能大量节约成本又能赚取大笔差价。这还没有结束，因为金融市场的联动，外汇市场的振荡又会导致股票市场的大幅波动。在东南亚金融危机中，索罗斯还通过股指期货的空头仓位再一次赚取了大笔财富。在1992年狙击英镑时，索罗斯又通过股票市场的多头仓位获取了大笔财富，赚了10亿多美元。当然毫无疑问，英国人损失了同样多的美元，财富被转移走了。

上面讲的只是局部性的财富转移，从2002年到现在，还没结束的财富转移是全球性的。在这次财富博弈中，炒家是否能成最后的赢家，尚难定论。

这次国际炒家是在全球布局，广泛利用全球外汇市场、商品期货市场和股票市场，在全球战略指导下有节奏地调动资金。这是一次持续时间最长、涉及金融产品最多，而且娴熟地应用做多与做空手法的财富转移。

这次全球性财富转移的主逻辑，是坚定不移地促使美元顺着既有的贬值通道继续走下去。这样就可以一直改变国际市场资产的相对价格，为炒作创造空间。我们应当思考的是，次贷危机为什么会出现？他们为什么要逼迫人民币不断升值，并扩大浮动空间？

最后还要强调一点：参与财富转移的主体是国际性炒家，他们可以是各种各样的基金，可以是私募股权公司、国际投行等。

一般情况下，石油美元、央行美元不参与这种转移，他们往往以美国国库券的形式保有财富。这里面存在一个法律和体制问题，以及转换资产的技术问题。但是有一个现象必须注意：由于美元贬值，石油美元以及央行美元等通过成立主权财富基金的方式，已经参与到全球的财富转移当中来了。

第7章

金融巨头的传奇

金融史，终究是由人写成的。虽然名留青史者未必是推动历史最强大的力量，但是他们的传奇却是金融史上值得反复品味的华章。

富过八代的罗斯柴尔德家族

滑铁卢战役真正的赢家是谁？不是拿破仑！也不是威灵顿公爵！而是梅耶·罗斯柴尔德！滑铁卢战役是拿破仑与反法联军之间的战役，战争的时候，拿破仑因为指挥出错，而且士兵不足，反法联军又来了支援，必败无疑。这个时候，没有人看见有一个人从战场上离开，那个人马不停蹄地前往内森·罗斯柴尔德居住的小镇，把战况说给内森·罗斯柴尔德听。马上，持有大部分英国国债的内森·罗斯柴尔德抛出了所有的英国国债，其他人也跟着抛出，不到半日，英国国债跌到低谷。第二天，内森·罗斯柴尔德用最低价购进了绝大部分国债，并稳稳地持有。大约几天后，反法联盟胜利的消息传来，英国国债的价格呈几何倍数上升。从中，内森·罗斯柴尔德赚了很多钱，而后才有了众所周知的60万亿美元的家产。

以上是罗斯柴尔德家族发迹史的一个小片段。罗斯柴尔德家族是欧洲乃至世界久负盛名的金融家族，号称欧洲"第六帝国"。那么这个家族是怎样搅动世界金融风云的呢？

一部《货币战争》让很多人都知道了罗斯柴尔德家族，今天的罗斯柴尔德家族已经富过了八代。尽管其财富与权势相对而言不如19世纪时，但仍然是一个超级富豪家族。

罗斯柴尔德家族是19世纪欧洲最富有、最神秘的家族。当时德国诗人海涅就说："金钱是我们时代的上帝，而罗斯柴尔德则是上帝的导师。"可是，250年前第一代罗斯柴尔德开始创业的时候，他只不过是法兰克福的一个普通犹太商人，仅仅用了不足100年的时间，罗斯柴尔德家族就控制了整个欧洲的金融命脉。在其鼎盛时期，势力范围遍布欧美，所控制的财富甚至占了当时世界总财富的一半，达到50万亿美元，相当于目前美国全年GDP的四倍。世界主要经济体的国债由他们发行，每天黄金交易的开盘价由他们来确定，世界各国的股市都随着罗斯柴尔德资金的走向而波动，他们被称为当时欧洲凌驾于英国、法国、德国、俄国和奥地利之上的第六帝国，他们五箭齐发的族徽也成了世界金融权力的象征。

19世纪初，罗斯柴尔德家族建立了自己的战略情报收集和快递系统。就像我们在前面小故事中提到的，滑铁卢大战中，罗斯柴尔德家族在公债投机上一天狂赚20倍，一举成为英国政府最大的债权人，获得的财富甚至超过了拿破仑和威灵顿在几十年战争中所得到的总和。

主宰英国金融业后，罗斯柴尔德家族并没有停下征战的脚步，他们随后便征服法兰西，问鼎奥地利，甚至把持德意的财政。其家族产业不仅遍布欧洲，甚至通过扶植摩根财团牵制美国，并力图全面控制美国。此外，当时的花旗、摩根、美国第一、第二国民银行都处于罗斯柴尔德家族的间接控制下。"一战"时期，罗斯柴尔德家族达到了自己的最高峰——控制了全球金融命脉。

但是罗斯柴尔德家族还是衰落了。在"一战"和"二战"中它的许多位于德国、法国和意大利的资产被摧毁了，其中位于法国的办公室甚至于"二战"结束后就被国有化了。作为犹太人家族，罗斯柴尔德在纳粹统治下受到的打击是惨重的，虽然英国总部基本没有损失，但欧洲大陆的家族势力基本被消灭了。冷战期间，罗斯柴尔德家族在东欧的许多资产又被苏联接管了，结果可想而知，这些资产是不会退回来的。

当然，导致衰落的原因还有经营上的错误：首先，罗斯柴尔德家族在1865年出现战略判断失误，认为美国经济不会大幅度发展，于是把它在美国的分行都撤销了。这是一个致命失误，直接导致了摩根家族的兴起；其次，罗斯柴尔德坚持家族产业，也阻碍了它的继续发展。从1960年代开始，欧美的大银行纷纷上市，筹集了大量资金。罗斯柴尔德则还是用自有资金发展，速度缓慢，逐渐落伍了。

可能很多人更关心罗斯柴尔德家族现状如何。

现在罗斯柴尔德银行集团的业务主要是并购重组，就是帮助大企业收购兼并其他的企业，或者对其资产结构进行重组。罗斯柴尔德的并购重组业务主要在欧洲，在2006年世界并购排行榜上可以排到第13位。而罗斯柴尔德银行集团一年的营业额不到100亿美元，利润不到30亿美元，估计其资本总额不会超过300亿美元，不到欧美大银行的一个零头。罗斯柴尔德在亚洲有一个办公室——香港，不过，这个办公室的正式名字叫作"荷兰银行—罗斯柴尔德"，因为它在亚洲的业务处于荷兰银行的控股之下，自己的发言权不大。甚至某些人事权，都是由荷兰银行主管的。

但如果你据此认为怀疑罗斯柴尔德家族已经沦为昨日黄花了，那你就错了。在金融海啸来袭时，正因为保守稳健的投资风格，罗斯柴尔德家族却毫发无伤，在金融新时代再度书写传奇。无论是固定资产还是投资，罗斯柴尔德家族都没有受到任何损失。而正当国际投行们疲于应付金融海啸"后遗症"之时，罗斯柴尔德却协助吉利完成了对沃尔沃的收购。这也是中国最大一宗海外汽车业收购案。事实上，根据汤森路透数据，除了吉利收购沃尔沃的交易，罗斯柴尔德在过去12个月中共承接了总价值高达892.5亿美元的汽车业并购交易，远超其他银行。客户包括大众汽车、宝马和英国、美国政府。

而吉利收购沃尔沃，对于罗斯柴尔德来说，既不是一个开始也不是一个结束。媒体信息显示，中海油收购优尼科、南京汽车和上海汽车的合并，都有罗斯柴尔德的参与。在中国接手财务项目时，罗斯柴尔德还不吝于接手来自各行业的项目，几乎是"大小通吃"。就像我们看到的，就算褪去了金融帝国的光环，罗斯柴尔德家族仍然不容小视。

最后，还有一点小趣闻要和大家分享：罗斯柴尔德家族不仅在财富上登峰造极，而且在其他方面也同样优秀。有153种或次种类昆虫、58种鸟、18种哺乳动物、14种植物、3种鱼、3种蜘蛛和2种爬行动物冠以"罗斯柴尔德"之名。爱好红酒的人当然都知道拉菲，这种酒出自罗斯柴尔德名下的拉菲葡萄庄园。

打上世界财富标记的洛克菲勒财团

洛克菲勒家族到底多有钱？1975年，尼尔森·洛克菲勒在得克萨斯州购买了1.8万英亩土地，仅仅是作为"室外活动场地"。在他的另一处山庄，随时待命的各类家政工人，包括清洁工、保安、厨师和园丁等超过500人，位于哈伯的一所度假庄园备仆45人，尼尔森一所私宅雇仆人15人。不完全的统计中洛家仆人已超过2500人。洛家人人爱旅行，行踪随意不定，因此所有庄园场所都保持在随时可以使用的完美状态，预备任意一位主人兴之所至大驾光临。

而洛克菲勒财团经营的投资资产就更多了：股票类有价值8500万美元的加利福尼亚标准公司，7200万美元的IBM，另外超过1000万美元的公司股票计有：大通曼哈顿银行、美孚石油、通用电气、得克萨斯仪器、明尼苏达矿业制造等。

洛克菲勒财团声名显赫，一度成为财富的象征。那么洛克菲勒家族是怎样发迹的呢？

当人们谈论金融史或者是当代美国史时，很难避开洛克菲勒这个家族的姓氏：标准石油公司、洛克菲勒基金会、大通银行、现代艺术博物馆、洛克菲勒中心、芝加哥大学、洛克菲勒大学，还有令美利坚合众国悲伤的在"9·11"中倾倒的双塔。

　　而当我们在回顾洛克菲勒家族的发家史时，发现正是由于这个家族几代人的不懈努力才成就了辉煌的洛克菲勒财团。

　　第二次世界大战结束不久，战胜国决定成立一个处理世界事务的联合国。可在什么地方建立这个总部，一时间大国首脑们颇费思量。地点理应选择在一座繁华的城市，可在任何一座繁华都市购买可以建立联合国总部这样庞大楼宇的土地，都需要一笔巨资，这笔款项从何而来？这令各国首脑感到十分为难。洛克菲勒家族听说了这件事，立刻出资870万美金在纽约买下了一大块地皮，无条件地捐赠给了联合国。这令世人大感惊诧。

　　联合国大楼建起来后，四周的地价立即飙升起来，而洛克菲勒家族在买下捐赠给联合国的那块地皮时，也买下了与这块地皮毗邻的全部地皮。洛克菲勒家族的慷慨这时才表现出其深谋远虑的超人智慧：凭借毗邻联合国的地皮，它获得了不知多少个870万美金的财富。

　　洛克菲勒财团的创始人约翰·洛克菲勒（1839～1937）最初在俄亥俄州克利夫兰的一家干货店干活，每周挣5美元。后来他创建了标准石油公司，实际上就是美国石油业的开始。

　　1910年，当约翰·洛克菲勒在发现自己名下的财富已经达到近10亿美元时，他开始考虑如何运用这笔财富。由于他对购买法国庄园或苏格兰城堡没有兴趣，又不屑于购买艺术品、游艇或中世纪韵味的西服以及所有富人们所津津乐道的东西，他就把自己收入中的很大部分投资于煤矿、铁路、保险公司、银行和各种类型的生产企业，其中最出名的是铁矿生意。

如果约翰·洛克菲勒现在还在世，他的身价折合成今天的美元约有2000亿——根据2003年的《福布斯》亿万富翁排行榜，当时世界首富比尔·盖茨的身价为407亿美元。

70年前，劳伦斯·洛克菲勒在华尔街开始了自己的职业生涯，他成为现代风险投资的开拓者，也把从洛克菲勒家族继承来的财富成功翻了数倍。在纽约证券交易所数10年供职期间，他经常用他与生俱来的商业本能作出下一个重要决定。他不满足于单纯赚更多钱，而是希望能让金钱生产出具有长久意义的东西。小约翰·洛克菲勒现在唯一健在的儿子大卫·洛克菲勒这样评价他的哥哥："我很佩服他在生意场上表现出来的非凡才能，在风险资本领域我总是跟着他做事。他在这一领域确实是真正的先锋。"

大卫·洛克菲勒，1915年6月12日出生于一个具有两个世纪以来最有影响力的姓氏之家——洛克菲勒家族。他是这个经济帝国的第三代掌门人。作为美国第一家族的后代，大卫有其他人没有的机会，可以接触全世界最有影响力的经济学家、最有权势的家族、影响整个欧美政局的政治家、每一届美国总统，参与了很多改变世界格局的重要访问。他在冷战时期造访苏联，跟赫鲁晓夫和戈尔巴乔夫都有过直接而锋利的面对面交流，他也是第一批在中美关系开始解冻后的1973年到访中国的资本家，还是在改革开放之初跟中国密切接触并成功开展商务活动的国际金融家。

　　1931年，小约翰·D.洛克菲勒不顾笼罩在北美和西美上空经济萧条的乌云，决定要实施久已怀抱的宏图：要在曼哈顿中心建造一群建筑，使之成为经典娱乐中心。洛克菲勒中心是一个包括19幢大楼、占地22英亩的建筑群。全国电视节目播送基地大都在这儿，国际许多公司的总部也设在这儿。地下的商店和餐馆，把各个大楼连在了一起。地下广场引人瞩目，那是城市的和平绿洲，飘扬着联合国的159面彩旗。小广场的周围有带状街心花园，供人们小憩，并经常举办各种展览。中心的各个建筑物之间都有地下通道连接。建筑群的主体是GE大厦，70层，高259米。外观强调垂直线条，是板式高层建筑的雏形。整组建筑群布局紧凑，建筑密集有序。这里有NBC新闻网总部，时代华纳等美国主要出版社，以及全世界最大的新闻中心——美联社。

　　每天在这里上班的总人数达65000人。这里的餐厅、药店、理发店、银行、电影院、书店等设施样样齐备，俨然是一个浓缩的小社会。由于工作、休闲功能建筑的综合搭配，晚上10点，这里的夜生活才刚刚开始。从1932年起，每年圣诞节前夕，洛克菲勒中心广场都要竖立一棵纽约市最大的圣诞树，这里的圣诞夜景是来纽约的游客必看之处。

　　如今，老洛克菲勒的遗产依然支配着世界石油产业，他本人也堪称今天无所不在、无所不能的西方石油工业的人格化象征。

　　1973年能源危机以后，石油输出国组织国家同美国垄断资本展开了针锋相对的斗争，给洛克菲勒财团以沉重打击。该财团采取各种措施挽回这种不利的局面。首先参与美国国内石油的开发，争取国内沿海地区近海油田的租赁权，1976年获得阿拉斯加和大西洋沿岸中部的石油租赁地130万英亩。又与英荷壳牌石油公司共同开发英国北海油田。它还渗入能源工业的其他有关部门。此外，还大力向石油化学工业发展。

洛克菲勒财团不但在经济领域里占统治地位，在政府中也安插了一大批代理人，左右着美国政府的内政外交政策。它还通过洛克菲勒基金会、洛克菲勒兄弟基金会等组织，向教育、科学、卫生以至艺术和社会生活各方面渗透，以扩大其影响。

经历了一个多世纪的洛克菲勒家族，仍在续写着辉煌的历史，约翰·D. 洛克菲勒的后代们没有整天躲在房间里计划如何守住自己的财富，不让金钱落入别人口袋，而是积极地参与文化、卫生与慈善事业，怀着富有的负罪感将大量的资金用来建立各种基金，投资大学、医院，让整个社会分享他们的财富。

金融海啸背后的操纵人高盛公司

敌意收购在美国刚刚开始出现的时候，有一天高盛的合伙人弗莱德曼在一家律师行和人讨论一个案子。这个时候那家律师行的一个工作人员拿着第二天《纽约时报》的小样走了进来请自己的老板过目，那上面印着某个敌意收购方第二天准备用来启动针对盖洛克纸业公司的要约收购的广告。弗莱德曼得知后，匆忙走出会议室，打电话告诉自己的同事："给盖洛克打电话，告诉他们两件事：第一，他们明天将被敌意攻击；第二，我们准备好了帮助他们。"从那以后，高盛负责并购业务的团队每天晚上10点都会有人专门打出租车到离《纽约时报》印刷点最近的地方，等待新鲜出炉的第二天的报纸。在他们看来，一个交易是交给自己还是让给自己的竞争对手，可能差的就是这先人一步的几十分钟。

这就是高盛，从小故事中我们已经看到了高盛强韧的一面，可以说高盛由弱到强就是这样一步步走来的。如果你对高盛的"发家史"感兴趣，那就和我们一起来吧！

大名鼎鼎的高盛也曾经无比弱小，也曾经作为一家由犹太人所经营的公司因而只能在很狭窄的范围内开展业务，也曾经是一个有很多弱点，仅仅在大宗交易、商业票据以及风险套利这三个独立业务上拥有明显优势的二流企业，也曾经在多项投资和决策中失误并且付出高昂代价……但是，最终，这家起源自地位卑微家族的家族型企业，却发展成为了世界上最著名的投资银行以及现在的金融业巨头。

1869年，48岁的德国犹太人后裔马库斯·戈德曼在纽约曼哈顿南部松树街一间狭窄的小屋里挂出了"马库斯·戈德曼公司"的招牌。这就是高盛的前身，主营业务是倒卖商业本票。当时，一些缺钱的企业会从富裕的珠宝商和皮革商那里借钱，并立下借款字据，到还款期限时再凭字据还钱。这种字据是可以转让的，到期时，谁手中持有字据，企业就把钱还给谁。这种字据就是商业本票。

渐渐地，戈德曼开始意识到，本票倒卖这种不起眼的经营手段远比不上股票和债券承销业务所能创造的利润。为了把公司做大，1882年，戈德曼邀请女婿塞缪尔·萨克斯加入公司，成为公司合伙人，并将公司更名为"戈德曼和萨克斯公司"，即高盛。3年后，他的儿子亨利·戈德曼也进入公司并成为合伙人。当时的高盛，是一家以血缘和姻亲关系为纽带、实行合伙人制度的小型家族企业，即由家族中的几个人合伙并共同拥有公司股份、分享经营利润。比高盛更早成立的罗斯柴尔德金融集团、摩根公司以及雷曼兄弟公司等，也都是采用这种合伙人经营机制。

20世纪初期的美国，投资银行业务迅猛发展，在经济甚至政治领域都扮演着非常重要的角色。以摩根为代表的大财团，影响力甚至一度与美国总统平起平坐。处于相对弱势的高盛，没有错过难得的发展机遇，30年里联合雷曼兄弟公司，为56家企业完成了114次证券承销业务。

值得注意的是，高盛公司一直实行合伙人制，在高盛的等级体制中，能成为合伙人是升迁的重要步骤。在高盛全球2万多员工中，只有200多人能成为合伙人，他们年薪可达60万美元以上，并可参与公司分红。合伙人每两年就重新评选一次，竞争非常激烈，大多数合伙人的任期都很短暂。这一竞争正在加剧。在

20世纪80年代，高盛合伙人平均任期达10年，而现在仅有8年。激烈的竞争使得高盛职员工作起来格外卖力。往往是当华尔街其他银行想到要拜访某客户时，高盛早就拜访过了。

在这样的制度下，两年一次的合伙人选拔就成为了一件非常严肃的事情，往往一选就是7个月。2.4万名员工都想成为1200名中层中的一员，而1200人又个个想成为300名合伙人之一。而这300人，年薪60万美元以上，还可以参与公司分红。这一机制的特点，很好地保证了所有高盛员工一面努力赚钱，一面对共同利益进行高度监督。

一位合伙人曾经这样解释高盛的合伙人制度："高盛公司看起来就像有五六十个小部门在运营，并且他们有充分的自由去做他们想做的事情。在这个组织里，获得声望的唯一途径就是业务上的成功，得到经济利益和精神利益的手段则是相互合作。"

就这样，高盛在合伙制下成功地运转了很多年。但是，1998年，当金融市场的合并使高盛处于不利的竞争地位，而高盛业务的发展需要更多的资金、需要更好的融资渠道时，高盛适时地放弃了合伙制而转变成为上市公司。

但是近几年来高盛为人所熟知，大多是因为各种麻烦与控诉。比如美国证券交易委员会曾向高盛提出控告，指控后者在金融危机中扮演了一个不光彩的角色，在次级债金融衍生品交易中涉嫌欺诈投资者，造成投资者损失约10亿美元。高盛欺诈案也与证交会达成和解。

最终高盛同意，向美国财政部和几家潜在受害方支付5.5亿美元的罚款和赔偿，以了结美国证券交易委员会（SEC）对其提出的"欺诈门"指控，这也创下了华尔街单个公司领受罚单的新纪录。对高盛来说，5.5亿美元只能算是"小钱"，更值得担心的其实是，高盛的商业模式受到压力。对利益冲突的密集调查将导致该公司无法像从前一样在客户和自身利益之间游刃有余，因为它不再能一方面作为客户的顾问、金融家和做市商，一方面又为自己积极投资。美国金融改革法案中关于证券化利益冲突的条款就是为高盛量身定做。

在2008年9月22日，美国联邦储备委员会采取了一项非同一般的措施，批准摩根士丹利和高盛集团从投资银行转型为传统的银行控股公司。这是华尔街，也是全球金融市场一个历史性的转折点——这意味着，全球排名第一与第二的独立性投资银行，也将变成一个混业经营的银行机构。高盛作为投资银行百年的辉煌，在2008年的这个多事之秋成为一段历史。

摩根财团：华尔街的"拿破仑"

1861年，美国爆发南北战争，老摩根乘机向政府大肆推销各种枪支弹药，大捞了一笔钱，这些积累成为摩根财团日后四处扩张的资本。在第一次世界大战中，摩根公司利用其在国会中的关系，独家包办了美国对西欧的金融业务。摩根公司先后为英法政府筹措战债30亿美元，仅此一项的佣金就获利3000万美元。在第二次世界大战中，摩根财团是政府最大的军火承包商。

正是由于以摩根财团为首的军火商在国会的游说，才最后促成了美国政府通过对盟国的"租借法案"。"二战"中，美国依据租借法案向盟国提供了本息总计近万亿美元的武器和资源，谁又能知道，摩根财团在其中的进项有多少？"二战"后，摩根财团也从来没有停止过军火生意。美国政府战后在世界各地发动的大小战争中，到处都有摩根财团经手买来的武器。在越南战争爆发后，摩根财团下属的通用电气公司仅1967年一年就接受了14亿美元的订单。

之所以选择这样的故事开场，是因为这样的事情在摩根财团的发展史中多次出现。

权力和财富的关系从来就密不可分，摩根财团的政治冲动也总是和有利可图的机会完美地结合在一起。

摩根财团的创始人老摩根出生于一个金融世家，祖父和父亲都一直从事银行和保险业。150年来，老摩根和他的后代都是极善于利用政治和权术来达到经济目的的，从而使得摩根财团的规模得以迅速膨胀，成为主宰华尔街乃至全球的金融霸主：在两次世界大战中，摩根成为超脱交战双方的通吃赢家；在两次毁灭全球的经济危机中，摩根两度使美国经济起死回生；直至2008年，在全球金融风暴中，摩根扩张了自己的势力范围……

摩根让全球众多的总统和亿万富豪成为他们的棋子与工具；

摩根开创了由家族成员之外的人担任CEO的先河，成为家族企业基业长青的范本；作为世界上第一个用电灯照明的家庭，装灯泡的电工是爱迪生本人；而老字号摩根总部，则一直无比低调地坐落在华尔街拐角处，至今连招牌也没有。

20世纪初，老摩根把西奥多·罗斯福捧上总统宝座。为了报恩，这一届罗斯福政府处处遵从摩根财团的指示。伍德罗·威尔逊总统也是得到摩根财团支持才得以压倒对手上台的。摩根财团后来促使这届美国政府参加了第一次世界大战。赫伯特·C·胡佛是摩根财团用钱推上政治舞台的，最终也成为摩根财团的代言人兼美国总统。20世纪50年代，在杜鲁门政府中，先后的三个国务卿都与摩根财团有瓜葛。艾森豪威尔政府的三个国防部长都与摩根财团有密切关系。由于摩根财团在20世纪上半叶牢牢地控制了政府，才得以受到种种经济保护，并拿到源源不断的政府订单，从而牟取暴利。

摩根财团的主要势力集中在西欧和加拿大，但在19世纪及20世纪上半叶的殖民主义时代，摩根财团也将扩张的步伐迈进了那些落后的亚非拉国家。比如在我国清政府时期，它曾经取得广州至汉口的铁路建筑权，后因为我国群众发起声势浩大的抗议运动而作罢。但摩根财团还是乘机向清政府索取了600多万美元的赔偿。它属下的公司在旧上海设立的爱迪生灯泡厂、慎昌洋行、钢车公司，都是当时上海滩上赫赫有名的企业。当然，摩根财团在中国的经济利益和种种特权，随着1949年新中国的成立而烟消云散。

　　摩根财团利用1893年的经济危机，取得通往美国西部铁路的修筑专营权，从而控制了美国铁路总长度的30%。1901年，它又收购了13个钢铁企业，组成了世界上最大的钢铁工业垄断组织，当时世界上最大的一些钢铁公司（如美国钢铁公司）都在摩根财团的控制之下。到第二次世界大战前，它已经统治了美国的金融业和钢铁、电气、运输、电讯等部门，总资产达300亿美元之多，占当时美国最大八家财团总资产的一半，堪称巨无霸财阀，其势力发展到顶峰。

　　"一战"结束后，伴随着美国成为大债权国，企业合并的浪潮又高涨起来。到1923年，这种浪潮更迅猛推进，在世界大恐慌开始的第一年（1929年），摩根体系金融资本又是怎么分配的呢？摩根家族体系包括银行家信托公司、保证信托公司、第一国家银行，总资本34亿美元。

　　摩根同盟总资本超过48亿美元，由国家城市银行、契约国家银行构成，摩根同盟与摩根家族系被总称为摩根联盟。摩根联盟中，以摩根公司为轴，进行董事连锁领导，与大金融资本以下、超过20万的主力金融机构互相联结，这样就构成结构庞大、组织严密的"摩根体系"。这一金融集团占有全美金融资本的33%，总值竟至200亿美元！还有125亿美元保险资本，占全美保险业的65%。

　　事实上，在摩根财团的发展史上，也曾经遇到数次经济危机，但是摩根财团在不断恐慌中寻找"机遇"，结果不但安然度过危机，甚至还从中找到了牟利机会。

美国在1837年、1857年、1873年、1893年连续发生"经济恐慌"，就是由于"银行家们有规律地放松银根，等待经济过热产生严重泡沫后又收缩银根"制造的结果。金融寡头们在精确计算这次金融危机的时间和预计成果："首先是必须能够震撼美国社会，让事实说明，没有这样的中央银行，美国社会是多么的脆弱；其次能够挤垮和兼并中小竞争对手，特别是令人侧目的信托投资公司；第三就是得到垂涎已久的企业或行业。"

1907年危机爆发前的几个月，纽约的"摩根系"一直在伦敦与巴黎之间度假，会晤各大国际银行家。等他们回到纽约，即1907年10月，有关"几个重要投资公司破产"的流言迅速像病毒一样蔓延，出现"挤兑风潮"，现金严重短缺，银行也要求投资公司立即还贷，危机开始爆发，到10月24日，纽约交易所几乎停盘。

这时摩根以救世主的身份出现。纽约证交会主席来到摩根的办公室，祈求他出手帮助解决资金困难，否则关闭股票市场，别无他路。经过开会，摩根在16分钟筹集2500万美元，以"高息发放借款，解决资金短缺"，挽救了"纽约证券交易所"。但是有8家银行和信托公司倒闭。摩根又到纽约清算银行，以"发放票据"作为临时货币，应对严重的现金短缺。

随后的11月2日以同样的手法，"摩根"为拯救风雨飘摇中濒临倒闭的"摩尔斯莱"公司（是田纳西矿业和钢铁公司的主要债权人，拥有田纳西、佐治亚、亚拉巴马周的铁矿和煤炭资源）提出"一揽子方案"，这将大大加强摩根控制下的"美国钢铁公司"垄断地位。但这个方案必须得到总统的批准，逃脱垄断法案的制约。于是11月3日（星期日）晚上，摩根派人到华盛顿，劝说"对反垄断一点都不含糊"的总统老罗斯福："务必在11月4日纽约股票市场开盘之前，批准'拯救摩尔斯莱公司一揽子方案'生效。摩根的态度很明确，也就是必须按时批准。"

结果，总统在巨大金融危机面前，并顾及政治危机对总统宝座产生的危机，离周一开盘前5分钟被迫签署城下之盟。当天股市闻讯大振。

每一次金融危机都是蓄谋已久的精确定向爆破，崭新金融大厦总是建筑在成千上万的破产者的废墟之上。当时摩根以4500万美元超低价吃下"田纳西公司"，其实际市值在10亿美元以上。

现在的摩根财团在金融业方面依然拥有雄厚的基础。其主要支柱是J.P.摩根公司。摩根公司是世界最大跨国银行之一，在国内有10个子公司和许多支行，还有1000多个通信银行。在国外约20个大城市设有支行或代表处，在近40个国家的金融机构中拥有股权。其经营特点是大量买卖股票和经营巨额信托资产。它控制着外国37个商业银行、开发银行、投资公司和其他企业的股权。此外，还有制造商汉诺威公司、纽约银行家信托公司（也称美国信孚银行。1998年，德国最大的商业银行——德意志银行经美国联邦储备委员会批准，出资102亿美元兼并美国信孚银行）以及西北银行公司（1998年与富国银行合并）、谨慎人寿保险公司以及纽约人寿保险公司等。在工矿企业方面主要有国际商业机器公司、通用电气公司、美国钢铁公司以及通用汽车公司等；在公用事业方面则有美国电话电报公司（AT&T）和南方公司。

生产事业方面，全美35家主力企业中有摩根公司的47名董事。包括US钢铁、GM（通用汽车公司）、肯尼格特制铜公司、德州海湾硫磺公司、大陆石油公司、GE（奇异电器）等。

摩根公司在铁路上的渗入已是尽人皆知了，同时，服务业方面它还拥有联合公司、ITT（国际电话电信公司）、全美电缆、邮政电缆、AT&T（美国电话电信公司）等。

摩根同盟的两大银行——国家城市银行和契约银行有510亿美元总资产，它们下属的亚那科达铜山、美国香芋、古巴及美国的砂糖、西屋电气、联合金属碳化物等主要托拉斯企业也属于摩根联盟。

花旗集团：无限风光的全能金融超市

20世纪70年代初的《美国银行控股法》禁止银行通过控股公司的形式从事证券业和保险业以及"与金融业无必然联系的业务"。但该法也有意无意地留下一个漏洞，即并未将只拥有一家银行的所谓单一银行控股公司列入监管范围。花旗银行迅速在美国特拉华州成立了单一银行控股公司——花旗公司，而把花旗银行置于该控股公司控制之下。这个花旗公司纯粹是块招牌，但花旗银行通过它却实现了向证券、保险及"与金融业无必然联系的业务"的渗透，绕过了1934年大萧条时期美国仓促通过的G-S法所严格分业经营的隔墙，这本身已是一项了不起的制度创新。瑞斯顿更是再接再厉，发动全体员工为拓展银行业务范围献计献策，共征集到可进一步开展的业务建议数十项。随即，花旗银行向联储局提出大量的新业务申请，有时甚至多达每天一项。花旗银行从此脱颖而出，成为了美国银行业的带头人。

那么，花旗银行近些年来的发展又如何呢？

2004年年底，英国《金融时报》公布的一项对全球1000名首席执行官的调查显示，花旗集团是全球最受尊崇的金融服务公司。

接受调查者普遍认为花旗集团庞大的规模及其在金融领域的辉煌成就最为引人瞩目。

作为一个无比庞大的金融集团，花旗在全球一百多个国家有近两亿客户，包括个人、机构、企业和政府部门，提供广泛的金融产品服务——从消费银行服务到信贷、企业和投资银行服务，以至经纪、保险和资产管理，非任何其他金融机构可比。

数十年来，花旗集团一直以其在借贷、交易和盈利方面咄咄逼人的进攻性策略而自豪。它比竞争对手更乐于接受新科技、引入新产品。2003年时，作为当时世界最大的银行，花旗在全球六大洲100多个国家营业，总收入为774亿美元，实现利润180亿美元，是美国盈利最多的企业之一。

当我们提到花旗银行时，就不得不说起沃尔特·瑞斯顿。

沃尔特·瑞斯顿生于1919年。他的父亲亨利·瑞斯顿是颇具影响的历史和政治学专家，曾担任过美国长春藤名校之一——布朗大学的校长。奇怪的是，这位历史学教授和他的妻子露丝，在新生儿沃尔特的摇篮旁边放着一部装帧考究的亚当·斯密的《国富论》。如果他们有心要儿子继承父业，放在摇篮边的更适合的书应该是希罗多德的《历史》才对。沃尔特没有辜负父母的期望，他一生的成就是在美国的银行业，而且他效力的是美国一家古老而华贵的银行——花旗银行。

当年轻的瑞斯顿刚刚涉足美国银行界时，金融财东们都是势力强大的白种人，他们的社会地位举足轻重。架子十足又老派保守，怕冒风险，缺乏企业家的魄力和远见卓识，这些构成了当时银行业的主要特征。就是在这样的情况下，瑞斯顿锐意进取，极富创新精神，他的才华很快得到了管理层的赏识，被先后调入信贷部门和海外部，均做出不俗业绩。于是在不到20年间，瑞斯顿跃升为花旗总裁。

沃尔特·瑞斯顿在他的壮年居然执掌一家这样的银行达17年之久，而且具有决定意义地提升了花旗的国际地位和品牌价值，不仅为美国银行业所瞩目，也经常是全球关注的焦点。瑞斯顿过去长时期内是美国与世界无法绕开的风云人物。

在贷款业取得的成就为瑞斯顿的职业生涯开辟了另一条施展才华的辉煌门路：花旗把获利最丰的海外营业部花旗银行网站交给了瑞斯顿来掌管。

当时的花旗海外部比国内各部掉队十年，虽有所获利但获利甚微，当时只能用"原始"二字来形容，但却建立了美国银行业在海外最大的银行网络。花旗的海外营业是从在拉丁美洲铁路贷款起头的，后来成长到菲律宾、日本和欧洲。

瑞斯顿到任后，以其非凡的胆魄和智慧在非洲建立了第一家外资银行——非洲南部分行，后来在非洲遍设分行，形成了花旗非洲海外部，又通过政治、外交、经济等各类渠道千方百计而又史无前例地在冷战期间的苏联和对垒的伊朗开设了分行，他恢复了花旗在神州的分行，用十年的时间使欧洲的分行网络遍及欧洲各国，澳洲的分行也获利颇丰。这些个成绩的取得使瑞斯顿相信，花旗的使命是在全世界每一个可以获利的处所提供一个符合法律的银行服务。这是"现代马可波罗花旗银行杭州分行"——花旗前所未有的理念。

作为美国最主要的房贷企业之一，花旗在2006年第四季度共发放贷款506亿美元，在美国房贷企业中排名第三。次贷危机爆发后，花旗集团资产水平也因此遭受重创。

由于坏账的影响，2007年第三季度花旗集团盈利比上年同期大跌57%。当年7月至9月，花旗盈利23.8亿美元，远低于上年同期的55.1亿美元。此外，由于9月份住房抵押贷款坏账加速增长，花旗第三季度抵押贷款债券业务损失15.6亿美元，高于此前市场预期。与此同时，随着消费信贷状况进一步恶化，花旗还增加了22.4亿美元的坏账准备金，这一支出也高于原先预期。这些因素导致花旗银行集团董事长兼首席执行官查尔斯·普林斯随后引咎辞职。花旗集团股东还于此时期向曼哈顿联邦法院提起诉讼，控告普林斯及其他数位高管在次贷相关债券投资问题上不计后果，导致集团出现巨额损失。

2007年11月，花旗集团宣布，阿联酋主权基金阿布扎比投资管理局（ADIA）将投资75亿美元购入该集团4.9%的股权，以提高资本充足率。花旗集团表示，这笔资金将用来冲抵集团此前因抵押贷款和其他投资项目造成的损失。该笔资金的注入将使集团的资本充足率在2008年上半年重新回到监管目标之上。

而此后花旗仍未能摆脱次贷的"噩梦"。花旗集团2008年第三、四财政季度连续亏损28.1亿、82.9亿美元。2008年全年，花旗净亏损187.2亿美元。

自金融危机以来，美国政府已三次对花旗伸出援手，购买了大量的花旗优先股，投入总计450亿美元资金及超过3000亿美元的资产担保。但至今为止，花旗的经营业绩尚无起色。

集团拆分后，一部分命名为花旗银行，将专注于花旗集团在100多个国家的银行业务；另外一部分则为花旗控股，业务将包括资产管理和消费融资。花旗控股将主要集中于对风险和损失进行严格管理。

能否走出金融危机的泥淖，重现花旗往日光彩，让我们拭目以待！

伦敦塔上的瑞士再保险公司

英国的瑞士再保险总部大楼是一座精心设计的环保智能型建筑，是一个优美而讲求高科技的杰作。

瑞士再保险塔位于英国伦敦"金融城"，绰号"腌黄瓜"，是一座玻璃外观的尖顶摩天大厦，也是福斯特勋爵名作之一。这个子弹模样的房子，盖在伦敦内城，也就是伦敦金融城的中心地带，由赫赫有名的福斯特勋爵（Lord Norman Foster）设计，就盖在他老人家业务上最大的竞争对手罗杰斯勋爵（Lord Richard Rogers20）年前设计的劳埃德大厦（Lloyd's Building）旁边。

2004年建成开业，引起了伦敦市民的相当矛盾的兴趣。"腌黄瓜"，位于伦敦圣玛丽阿克斯大街30号的瑞士再保险总部大楼，高179.8米，楼层有50层，螺旋式外观，获得2004年的RIBA斯特林大奖，被誉为21世纪伦敦街头最佳建筑之一。

那么瑞士再保险公司主要是从事什么业务的呢？

对于很多人来说，瑞士再保险公司恐怕还没有它的办公大楼伦敦塔出名，但是在金融界，瑞士再保险公司却是声名显赫无人不知。瑞士再保险公司于1863年成立于苏黎世，现有员工（全球范围）约9000人，苏黎世总部有2500人左右，在世界上30多个国家设有70多家办事处。公司总资产达1426亿瑞士法郎（约合8556亿元人民币），其核心业务是为全球客户提供风险转移、风险融资及资产管理等金融服务。

　　瑞士再保险公司是世界领先的再保险公司之一，亦是世界上最大的人寿与健康险再保险公司。公司成立至今一直经营再保险业务，并设有三个主要的业务部门：财产及意外险部；人寿与健康险部；金融服务部。

　　目前瑞士再保险公司已发展成为一家世界领先的具有雄厚财务实力和偿付能力的再保险集团企业，并被公认为是风险转移组合最多元化的全球再保险公司，跻身于世界四大再保险公司之列。瑞士再保险的人寿与健康险部是世界上最大的经营人寿与健康再保险的子公司，其保费收入约占集团总保费收入的30%。瑞士再保险集团的另一部分——瑞士再保险新市场部向顾客提供非传统的风险转移方式，如对巨灾和大规模的风险提供承保服务。

　　在140年的商业旅程中，瑞士再保险只遇到过两次"险情"。一次是上个世纪初的1906年，旧金山大地震共造成500人死亡，2.5万间房屋被毁坏，导致瑞士再保险削减当年的红利；第二次，则是美国9·11事件引发的巨额保险赔付，更主要的是世界资本市场的整体大萧条，让瑞士再保险在2001年和2002年相继发生1.65亿瑞士法郎和9100万瑞士法郎的亏损，以至于不得不有史以来第二次削减当年的红利。但是也许正如另一句中国的古话"祸兮福之所伏"所言，2002年以及2003年全球保险市场的高速反弹，也让瑞士再保险"有惊无险"迅速地恢复了元气。

　　瑞士再保险公司一度股价高达每股92美元，由于受经济危机严重冲击，并宣布将消减部分银行业务，关闭部分金融市场包括证券交易业务。截至2008年12月31日，瑞士再保险公司的股东权益资本估计为190亿～200亿瑞士法郎。2008年1月23日沃伦·巴菲特收购瑞士再保险公司3%的股权，并管理其财产及人身意外伤害保险部门的部分业务。依据协议，巴菲特掌控下的这一投资工具将在今后5年内承担其财产及人身意外伤害保险部门20%的保险责任。而到了2009年2月5日全球保险巨头瑞士再保险宣布，公司2008财政年度预计亏损10亿瑞士法郎，将从美国知名投资者巴菲特的伯克希尔公司获得30亿瑞士法郎（合26亿美元）的注资。

巴菲特的注资提高了瑞士再保险公司的资本充足率，这也将帮助他们继续赢得客户的信任。

瑞士再保险公司对中国市场非常感兴趣，根据中国加入世贸组织的承诺，中国的再保险市场将是开放最彻底的一个领域。外资再保险公司可以在华设立全国性分公司，没有经营地域和业务范围的限制。中国还承诺在加入世贸组织后的4年内逐年降低法定再保险比率，直至最后取消法定再保险。

在外资巨头没有进入之前，中国只有一家再保险公司——中国再保险。而现在，瑞士再保险都已经实质性地进入了中国市场，角逐这块全球最热市场的号角已然吹响。

从收购中起家的苏格兰皇家银行

苏格兰皇家银行首席执行官弗雷德爵士是一位电工的儿子，出生于格拉斯哥郊区的佩斯利。在他的领导下，苏格兰皇家银行在收购的道路上快步前行。

苏格兰皇家银行是一家拥有骄傲传统和较小资产负债表的银行——1727年，该银行获得了乔治一世国王颁发的皇家特许。但当竞争对手苏格兰银行向规模更大的Natwest发起敌意收购时，弗雷德爵士受到触动，觉得应该作出回应。经过一场旷日持久的竞购战，苏格兰皇家银行最终胜出。这笔交易让苏格兰皇家银行一举跻身银行业顶级阵营之列。它还让弗雷德爵士得以发挥自己的强项，由于在担任规模较小的克莱德斯戴尔银行首席执行官期间在削减成本方面的成功，他得到了一个绰号："剪刀手弗雷德"。通过亲自负责苏格兰皇家银行承诺的111项成本削减计划，弗雷德爵士节省下来的成本超出了该银行的预期。投资者为此欢欣鼓舞，该银行股价随之飙升，这为苏格兰皇家银行收购英国保险集团和美国零售银行美隆金融公司扫清了道路。

作为一家国际银行，苏格兰皇家银行的发展状况如何呢？

苏格兰皇家银行集团建于1727年，总部设在英国的爱丁堡，是英国最古老的商业银行之一。经过自身不断地发展和收购，到1969年，苏格兰皇家银行成为拥有700家分行、40%当地市场份额的英国苏格兰地区的最大银行。该银行在英国的法人、个人及海外银行业中排名第一，在零售银行业及私人汽车保险业中排名第二。苏格兰皇家银行集团在英国和爱尔兰拥有2000多家分行，服务于1500多万客户。

在2000年以前，苏格兰皇家银行还是一个总部设在英国北部城市爱丁堡的地区性银行，在世界银行排名中处于200名以后。但到2004年6月30日时，苏格兰皇家银行的资本市值已达到了490亿英镑，总资产增加到5190亿英镑，使该行成为拥有2200万客户和12.5万名员工、AA信用评级、英国和欧洲的第二大商业银行，世界上排名第五的大商业银行。从苏格兰皇家银行发展的历史可以看出，该行虽然是一个百年老店，但它的观念和思想并不保守，它不仅能够及时适应时代的变化，而且还能成为市场的领导者。1969年，苏格兰皇家银行通过兼并苏格兰商业银行，使自己成为苏格兰地区最大的商业银行；20世纪80年代，它先后创立了汽车保险公司、电话银行、网上银行，使苏格兰皇家银行成为英国最具活力的银行之一；20世纪90年代，它通过后台业务集中处理工程的实施，不仅降低了银行的经营成本，而且提高了该行的盈利能力和市场竞争力。

2000年2月，苏格兰皇家银行一举成功收购了比自己资本规模大3倍的国民西敏寺银行，使苏格兰皇家银行完成了跨入世界著名商业银行的关键一步。由于该项收购涉及金额达210亿英镑，创下了英国历史上银行业收购的最高金额记录。我们从这次成功收购的案例中，也可以看出苏格兰皇家银行的勇气、智慧以及创造性和执行力。

实际上，最早提出收购国民西敏寺银行的并不是苏格兰皇家银行，而是英国另外一家位于苏格兰的地区性银行——苏格兰银行。苏格兰银行与苏格兰皇家银行的共同特点就是资本规模较小，但经营管理非常好，费用收入率特别低。在1993年至1998年的5年间，苏格兰皇家银行的费用收入率由原来的56%下降至52%，苏格兰银行的费用收入率则一直保持在48%，而同期国民西敏寺银行的费用收入率则由66%上升至68%。因此，两家银行都认为，收购国民西敏寺银行将为自己银行的进一步发展拓宽空间。

起初，两家银行准备共同收购国民西敏寺银行，但由于在收购流程及收购成功后的管理等方面未达成一致意见，苏格兰皇家银行决定单独收购国民西敏寺银行。

苏格兰皇家银行作出这一大胆决定后，该行通过自上而下的收购总体益处分析、自下而上的分业务线盈利测试及管理人员能力分析，提出了一套发展战略清晰、操作细节可行的收购方案。由于收购方案准备得充分、详细、可行，苏格兰皇家银行不仅在收购国民西敏寺银行的竞标中一举获胜，而且在收购成功后，收购方案中的各项措施（如领导人员配备、职责分工、内部风险控制、报告制度、绩效评估等）迅速到位，并得到很好的贯彻执行。完成收购后的苏格兰皇家银行，实际成本降低额和收入增加额均远远超过了收购前的预期。

苏格兰皇家银行在收购国民西敏寺银行后，在公司和金融市场等服务公司、机构客户的业务方面，实行的是统一品牌战略，即将原来国民西敏寺银行的公司与机构业务统一用苏格兰皇家银行的品牌；在零售业务方面，为了减小对国民西敏寺银行原有个人客户的震动，在实现了零售业务产品统一、财务统一、风险管理统一的前提下，实行了多品牌战略，即保留了原国民西敏寺银行零售业务的品牌，形成了独特的多品牌零售业务架构。

但是在2008年，由于信贷和金融市场环境进一步恶化，苏格兰皇家银行在2008年全年出现70亿到80亿英镑（约118亿美元）的损失。如果算上商誉损失，亏损可能增加150亿到200亿英镑，后者主要与该行对荷兰银行的收购交易有关。

这也意味着，苏格兰皇家银行的累计亏损总额可达280亿英镑，约410亿美元，一举创下有史以来英国公司年度亏损的新纪录。此前，这一不光彩的纪录由电信巨头沃达丰保持，后者在2006财年遭遇了220亿英镑的巨额亏损。

索罗斯：尽管老了，还是条"鳄鱼"

1973年，埃及和叙利亚大举入侵以色列。由于武器落后，以色列惨败。从这场战争中，索罗斯联想到美国的武器装备也可能过时，美国国防部可能会花费巨资用新式武器重新装备军队。于是索罗斯基金开始投资那些掌握大量国防部订货合同的公司股票，这些投资为索罗斯基金带来了巨额利润。

乔治·索罗斯是一位具有高知名度的富有传奇色彩的金融投资大师。他是全球最大的投资者，与"商品大王"吉姆·罗杰斯（Jim Rogers）合伙成立了"量子基金"，曾获利20多亿美元，被称为"打垮英格兰银行的人"，索罗斯个人收入达6.8亿美元，在1992年的华尔街十大收入排行榜名列榜首。

1930年，乔治·索罗斯在匈牙利布达佩斯出生。1947年，17岁的他移居到英国，并在伦敦经济学院毕业。1956年，他去美国，通过自己建立和管理的国际投资资金积累了大量财产。1979年，索罗斯在纽约建立了他的第一个基金会，开放社会基金。1984年他在匈牙利建立了第一个东欧基金会，1987年建立了苏联索罗斯基金会。现在他为基金会网络提供资金，这个网络在31个国家中运作，遍及中欧和东欧，前苏联和中部欧亚大陆，以及南非、海地、危地马拉和美国。这些基金会致力于建设和维持开放社会的基础结构和公共设施。索罗斯也建立了其他较重要的机构，如中部欧洲大学和国际科学基金会。索罗斯曾获得社会研究新学院、牛津大学、布达佩斯经济大学和耶鲁大学的名誉博士学位。1995年意大利波伦亚大学将最高荣誉授予索罗斯先生，以表彰他为促进世界各地的开放社会所做的努力。

索罗斯的独特之处在于，在一种股票流行之前，他能够透过乌云的笼罩看到希望，他很清楚为什么要买或不买。当他发现自己处境不利时，他能走出困境。

卖空是索罗斯公司特别喜爱的招数。索罗斯承认他喜欢通过卖空获胜而赢利，这给他带来谋划后的喜悦。公司把赌注下在几个大的机构上，然后卖空，最后当这些股价猛跌时，公司就赚到了大量的钱。虽然在别人看来，卖空是太大的冒险，但因为索罗斯事前做足了研究和准备工作，因此，他的冒险十有八九都会以胜利而告终。

在20世纪90年代初期，东南亚国家的经济出现了奇迹般的增长，为了加快经济增长的步伐，各国纷纷放宽金融管制，推行金融自由化。但是繁荣之中也酝酿着危机，东南亚各国的经济增长主要依赖于外延投入的增加。在此基础上放宽金融管制，就等于将各自的货币无任何保护地暴露在国际游资面前，极易受到来自四面八方的国际游资的冲击。

东南亚出现如此巨大的金融漏洞，自然逃不过"金融大鳄"索罗斯的眼睛。

在东南亚各国中，以泰国问题最为严重。因为当时泰国在东南亚各国金融市场的自由化程度最高，泰铢紧盯美元，资本进出自由。同时，泰国经济的"泡沫"最多，泰国银行大多将外国流入的大量美元贷款移入了房地产业，从而导致银行业大量的呆账、坏账，资产质量严重恶化。

1997年3月，当泰国中央银行宣布国内一些财务公司存在流动资金不足问题时，索罗斯发动了攻击：索罗斯及其他套利基金经理开始大量抛售泰铢，泰国外汇市场立刻动荡不安。泰铢一路下滑，5月份最低跌至1美元兑26.70铢。泰国中央银行在紧急关头采取各种应急措施，如动用120亿美元外汇买入泰铢，提高隔夜拆借利率，限制本国银行的拆借行为等。这些强有力的措施使得索罗斯交易成本骤增，一下子损失了3亿美元。但是索罗斯并没有平掉原来的头寸，甚至还增加了头寸。3亿美元的损失根本无法吓退索罗斯，对狙击泰铢他志在必得。

　　1997年6月下旬，索罗斯筹集了更加庞大的资金，再次向泰铢发起了猛烈进攻，各大交易所一片混乱，泰铢狂跌不止，交易商疯狂卖出泰铢。泰国政府动用了300亿美元的外汇储备和150亿美元的国际贷款企图力挽狂澜。但这区区450亿美元的资金相对于天量级的国际游资来说，犹如杯水车薪，无济于事。

　　7月2日，泰国政府由于再也无力与索罗斯抗衡，不得已改变了维系13年之久的货币联系汇率制，实行浮动汇率制。泰铢更是狂跌不止，7月24日，泰铢已跌至1美元兑32.63铢的历史最低水平。泰国政府被国际投机家一下子卷走了40亿美元，上至政要富豪，下至平民百姓，许多泰国人的腰包也被掏个精光。

　　但是无往不利的索罗斯最后还是在香港遭遇了一次重大失利。索罗斯和他的量子基金对东南亚金融市场经历了一场暴风骤雨的袭击。首先泰铢全面失守，紧接着，菲律宾比索、马来西亚林吉特、印尼盾兑美元的汇价也狂跌不止，而索罗斯选定的下一个目标就是香港。

　　1997年的香港回归，被索罗斯视为一个绝佳的暴利机会。他联络了全球各国的几家大型基金，秘密地开始买入香港股票，使得港股从1996年的低点开始不停地上涨，引发香港人疯狂地追随，恒生指数一再突破新高。

　　索罗斯在1997年上半年不断推升股市，接近最高点时，分散隐蔽，但不断地开了大批六月底交割的股指期货的空单。港府一直紧密监视着这股神秘的力量，越临近7月1日，港府对于对方的动机和操作策略越是一清二楚。一场金融大决战即将开始了。

到了1997年的上半年最高点，恒生指数达到了16000点之上的历史新高。而随着回归日的临近，索罗斯指挥着他的联合军团，开始了有步骤地股票高位出货。其股票的出货是不以赚钱为主要目的的，他的策略是以股指期货的空单收益来赢利的。

决战的日子是6月28日，在此之前，恒指已经被压到了大约在万点之下。而此时的散民已是一片悲哀。港府的高明之处在于不露声色，不托盘，任由索罗斯打压并主宰市场，麻痹对手。

28日一早，索罗斯的股票抛货就开始不断地稳步释出，压迫恒指持续加速下跌，引发崩盘的恐慌心理，加入逃命的散民无数，帮助他压跌指数。而当跌到了令人胆战心惊的4000多点时，散民已经是欲哭无泪了。索罗斯眼看胜利在望，却发觉开始有一股神秘的资金，不声不响地把无数的抛盘照单全收了。他开始紧张起来，发动了盟友们的全部股票存货狂砸（不计成本地抛，绝对是赔本在卖出），可是神秘资金还是不动声色地收下，却绝不拉高。还不到收市，港股成交就已经创了历史天量。当他的存货几乎抛光后，恒指却在4000点之上死活不退。而当他向交易所借股票意欲再继续抛空时，得到的回答却是不借。

到了下午，大盘开始反攻，神秘资金将股指持续推高，而索罗斯的联合军团内部开始出现反水的，背着他加入了多方。到收市时，港股几乎全部收复了当天上午的失地。索罗斯没想到港府出手，大意失荆州，股票损失加上股指期货损失惨重。

1998年5月，索罗斯带领国际投机资金再次扑向香港，并放言要将香港变成其提款机。

1998年8月28日，这也许是香港自从有股市以来最漫长的一天。上午10点整，交易正式开始。开市后仅5分钟，股市的成交额就超过了39亿港元。半小时后，成交金额就突破了100亿港元，到上午收盘时，成交额已经达到400亿港元之巨，接近了1997年8月29日创下的460亿港元日成交量历史最高纪录。

下午开市后，抛售有增无减，港府照单全收，成交量一路攀升，而恒指和期指始终维持在7800点以上。随着下午4点整的钟声响起，显示屏上不断跳动的恒指、期指、成交金额最终分别锁定在7829点、7851点和790亿三个数字上。

香港特区财政司司长随即宣布：在打击国际炒家、保卫香港股市和港币的战斗中，香港政府已经获胜。

香港一战后，坏运气好像一直没有离开索罗斯。在2002年，"量子基金"亏蚀了1.7%。竞争对手在此际则大赚：中东战争的威胁和美元贬值都为索罗斯所代表的"环球宏观基金"——根据对全球经济趋势的评估进行投资或投机买卖（尤其针对利率和货币变化）的一种大规模对冲基金——超越股票投资型基金提供了难得的机会。瑞士信贷第一波士顿对冲基金指数显示，在2002年，"环球宏观基金"的平均投资回报率是14.66%，普通的对冲基金则只有3.04%。

不仅如此，索罗斯本人的声誉也面临严重挑战：2002年年底，法国检察官表示，索罗斯14年前获得法国兴业银行可能被收购的内幕消息，而买入大量法兴股票，从中获取近200万美元的利润。法国法院由此对索罗斯处以220万欧元的罚款。索罗斯的律师表示，当时的法国法律对内幕交易的定义比现在窄得多，即使在现行法律下，索罗斯所得的资料也不足以构成内幕交易。索罗斯本人则表示指控毫无根据，对裁决感到"震惊及失望""会上诉到底"。多年来，索罗斯一向以"走在曲线前面"的投资策略为后辈所推崇，但是现在，年事已高的他好像失去了对投资市场的敏锐嗅觉。

股神巴菲特的财富人生

在2010年，"股神"巴菲特做了一个捐赠誓言：他将把至少99%的个人财富捐献给慈善事业，回馈社会。随后，巴菲特和身家过亿的美国首富比尔·盖茨，联手掀起了一股慈善风暴，邀请美国最富有的人和家庭参与，承诺捐出半数财产，用于慈善事业。盖茨和巴菲特已经计划把行动推至海外，两人同年9月出征中国与当地富豪举行晚宴，一时间关于劝捐的议论无所不在。媒体更是惊呼：巴菲特来了，一场巴菲特"旋风"登陆中国！

除了"股神"的称号外，其实很多人对巴菲特的了解也并不多，那么巴菲特是怎样获得了巨额的财富，并且赢得了投资者的尊重的呢?

　　1930年8月30日，沃伦·巴菲特出生于美国内布拉斯加州的奥马哈市，沃伦·巴菲特从小就极具投资意识，他钟情于股票和数字的程度远远超过了家族中的任何人。他满肚子都是挣钱的道儿，五岁时就在家中摆地摊兜售口香糖。稍大后他带领小伙伴到球场捡大款用过的高尔夫球，然后转手倒卖，生意颇为红火。上中学时，除利用课余做报童外，他还与伙伴合伙将弹子球游戏机出租给理发店老板，赚取外快。

　　巴菲特是有史以来最伟大的投资家，他依靠股票、外汇市场的投资，成为世界上数一数二的富翁。他倡导的价值投资理论风靡世界。价值投资并不复杂，巴菲特曾将其归结为三点：把股票看成许多微型的商业单元；把市场波动看作你的朋友而非敌人（利润有时候来自对朋友的愚忠）；购买股票的价格应低于你所能承受的价位。"从短期来看，市场是一架投票计算器。但从长期看，它是一架称重器"——事实上，掌握这些理念并不困难，但很少有人能像巴菲特一样数十年如一日地坚持下去。巴菲特似乎从不试图通过股票赚钱，他购买股票的基础是：假设次日关闭股市、或在五年之内不再重新开放。在价值投资理论看来，一旦看到市场波动而认为有利可图，投资就变成了投机，没有什么比赌博心态更影响投资。"

　　巴菲特无愧于股神的称号，他是第一位靠证券投资成为拥有几百亿美元资产的世界顶级富豪。伯克希尔·哈撒韦公司的股票在1964年的账面面值仅为每股19.46美元。在巴菲特接手之后，一度濒临破产的伯克希尔·哈撒韦公司不仅很快起死回生，而且已成长为资产达1350亿美元的"巨无霸"。如今，伯克希尔·哈撒韦公司旗下已拥有各类企业约50家，其中最主要的产业系是以财产保险为主的保险业务（包含直接与间接再保）。此外，伯克希尔·哈撒韦公司还生产从油漆、毛毯到冰激凌等一系列产品，该公司同时持有诸如沃尔玛和宝洁等许多大型企业的股票。而到1999年年底，每股交易价格达到了51000美元，1998年6月，其每股价格更达到创记录的80900美元。尤其难能可贵的是，伯克希尔已经是一家资产总额高达1300多亿美元的巨型企业。

那么巴菲特在投资方面有哪些经典之作呢？

巴菲特用了70年的时间去持续研究老牌汽车保险公司。该企业的超级明星经理人，杰克·伯恩在一个又一个的时刻挽狂澜于既倒。1美元的留存收益就创造了3.12美元的市值增长，这种超额盈利能力创造了超额的价值。

华盛顿邮报公司：投资0.11亿美元，盈利16.87亿美元。70年时间里，华盛顿邮报公司由一个小报纸发展成为一个传媒巨无霸，前提在于行业的垄断标准，报纸的天然垄断性造就了一张全球最有影响力的报纸之一，水门事件也让尼克松辞职。从1975年至1991年，巴菲特控股下的华盛顿邮报创造了每股收益增长10倍的超级资本盈利能力，而30年盈利160倍，从1000万美元到17亿美元，华盛顿邮报公司是当之无愧的明星。

吉列：投资6亿美元，盈利是37亿美元。作为垄断剃须刀行业100多年来的商业传奇，是一个不断创新且难以被模仿的品牌，具备超级持续竞争优势，这个公司诞生了连巴菲特都敬佩的人才——科尔曼·莫克勒。他带领吉列在国际市场带来持续的成长，1美元留存收益创造9.21美元市值的增长，14年中盈利37亿美元，创造了6倍的增值。

在巴菲特经营的保险业中，由于竞争引发的周期性降价使80年代前5年的保险费率一直不够高。这使保险业的利润出现了衰退。巴菲特对这种衰退的反应与众不同。当别的公司为保住市场份额而纷纷降低保险费时，巴菲特宁愿少签发保单，从1980年到1984年他的保险业收入从1.85亿美元降到1.34亿美元，但巴菲特坚信，总有一天那些降价的保险公司会受不了亏损而退出的。果然，在1985年保险业遭受了巨大损失，许多公司不得不缩小承保范围，也有的公司不得不退出竞争。保险费率于是又扶摇直上了。巴菲特现在可以从以前的保守行动中获取双倍的利益了。

巴菲特的投资嗅觉也非常灵敏，这让他比别人更早地嗅到危机的气息。1986年，伯克希尔的保险金收入达10亿美元，是前两年的7倍。这为它提供了8亿美元可用于再投资的预备金。到1987年，伯克希尔有的是钱了。但当时正是牛市的全盛时期。巴菲特所做的只是静静地卖掉了大多数股票，只保留了永久的三种：大都会公司、GEICO和《华盛顿邮报》。按照他的原则，他很难找到可以重新投资的地方。

就在巴菲特卖空股票的第四天——10月16日，道·琼斯指数跌了108点，10月19日星期一，市场里堆满了出售表，30种道·琼斯平均工业股票中有11种在交易开始后一小时不能开盘。巴菲特所有的市值损失达到了3.42亿美元。他可能是全美为数不多的没有随时关注经济崩溃的人。他本来可以连三种都不保留的，但那不是他的作风，其实也没有那个必要。那三家公司依然业务稳定，收入增长，没有丝毫的价值损失。

不过近些年来，巴菲特的投资出现了失利。《福布斯》杂志公布了2009年全球富豪排行榜，比尔·盖茨重回榜首之位。由于投资不利，"股神"巴菲特损失惨重，个人资产缩水40%。他不再是世界首富。

2008年也是巴菲特旗下的伯克希尔·哈撒韦公司44年来业绩最差的一年。根据《福布斯》数据，在过去12个月，伯克希尔公司股票下挫45%。在其最新发布的"致伯克希尔全体股东公开信"中，巴菲特承认，2008年公司净资产缩水115亿美元。

第8章

金融危机的启示

历史总会重演；危机去了，还会再来。

这是金融史唯一能够确定的结论。因为，人们逃不掉经济的周期，也改变不了人性本身的弱点。

即使是大科学家依萨克·牛顿，也对此无可奈何。1720年春，他写道："我可以计算天体的运动，但无法计算人类的疯狂。"

1929年大崩盘：十年萧条的序幕

1929年10月29日，星期二，对于美国的经济以及股民来说，都是最黑暗的一天。上午10点，纽约证券交易所刚一开市，猛烈的抛单就席卷而来，"抛！抛！抛！"所有股票成了烫手的山芋，不计价格、不计成本，只要抛掉就好。经纪人被"抛"得发晕，交易大厅一片混乱，随之而来的就是道·琼斯指数一泻千里，股指从最高点386点跌至298点，跌幅达22%。这是纽约交易所112年历史上"最糟糕的一天"，以这个被称作"黑色星期二"的日子为发端，美国乃至全球进入了长达10年的经济大萧条时期。

10月29日，股市彻底崩溃。当天美国钢铁公司的65万股股票以每股179美元出售，却找不到一个买主，于是其股价开始下跌。就像传染病一样，紧接着一个接一个公司的股票都开始下跌，大崩盘终于来临。股票成为废纸，数字全无意义，一个煤炭公司的老板看着正在下跌的指示板，倒地死在了他经纪人的办公室里。无数昔日的"百万富翁"一觉醒来便一贫如洗。一些开船出海游玩的富人们回来后发现，他们已变成了身无分文的贫民。当时跳楼的绝不仅仅是股价。

那么，这次股市崩盘是怎样引起的呢？

1929年的美国股市大崩盘是一场持续了10年之久的经济衰退，并扩展到了所有工业化国家。股市崩盘仅仅是萧条的序幕，但却给当时的投资者留下了最深刻的烙印。

无论股票还是房地产、艺术品的价格都有一个循环往复的过程：当乐观情绪及其市场效应成为常规，价格会涨得很高，然后因为种种原因跌到谷底。价格的下跌总比上涨更加迅猛。

20世纪20年代对美国来说是值得回味的美好岁月，但是没有人能预见到暴风骤雨的悄悄逼近——

人人都认为形势一片大好，盲目乐观，包括美国总统先生；房地产市场的过度投机导致房地产市场的炙手可热与虚假繁荣；美国联邦储备系统的放松银根导致大量资金流入股市，从而推动股票价格的上涨；大人物们对股市的推波助澜；胡佛总统的当选进一步使股市大热；保证金交易制度使越来越多的资金流向华尔街。

在股市上涨的荣景中，人们整天都将股票经纪人的办公室挤得满满的。大家宁可留在屋里注意股价的变动，也不去关心都发生了什么。

那么，当时有没有人预感到这场风暴的来临呢？答案是有。

普尔出版社出版的《商业投资周刊》在1928年秋天就曾提及股票大骗局，而《商业金融时报》也一改往日作风，开始大幅报道坏消息。《纽约时报》也刊登股价已涨得太高，股市必会崩盘的报道，并多次宣布股市其实已经崩盘。美国股市分别在1928年6月、12月及1929年2月休市过几次。但不幸的是，对股市走势存疑的投资人仍无法从中嗅出任何蛛丝马迹，因为股价仍持续走高。

　　此外在1929年，美国的经济已经开始走入困境，工业生产、货物运输和房舍建筑的效益均逐渐下降。但是，这种萧条的情况并不算太严重，若在股市崩盘前说经济会有所好转，这倒是合理的假定。加尔布雷斯指出，股市崩盘时，大家都未预测到经济大萧条即将来临。

　　1929年9月20日，大家发现英国企业家哈崔原来就是一个一流的大骗子，他伪造股票、发行未经授权的股票。有些人认为这项丑闻危及了投资大众对纽约股市的信心，同时也是股票大崩盘的导火线。另一解释则是，公用实业麻州分部，在10月初驳回波士顿艾迪生公司股票分割的申请，并对外宣称股价已飙得太高，引发投资大众的恐慌。

　　但是这种种迹象和时间都未能充分解释股市大崩盘的起因。事实上股市大崩盘如何开始并不重要，因为任何事情都有可能让投资荣景破灭，这正是投资荣景的本质。

　　尽管股市"回档"，但在9月和10月间，并未出现任何崩盘的明显迹象。在9月间，经纪人融资给顾客的金额暴增了6.7亿美元，创下单月增加金额的新高。隐遁的金融专家克鲁杰接受《周六晚报》访谈，令投资大众相当振奋，但后来大家才知道原来这一切都是大骗局。同年10月15日，费雪教授发表著名演说，指出"股市已上涨到相当平稳的状态，我预期股市在几个月内，还会创下新高、成交量会比现在更好。"

尽管如此，几天以后股市又传出另一项坏消息。像《纽约时报》这类对股市现状持悲观看法的媒体，不断小心地提醒投资大众股市即将崩盘。同年10月21日，星期一股市交易量略微超过600万美元，是历年来美国股市单日成交量的第三大。连续几天的庞大成交量后，股市行情板无法显示即时的价位，在中午时仅能报出1个小时前的股价，到当天收盘前，差异已拉大到仅能报出1小时40分钟前的股价。在股价大涨的多头市场，这种时间差异倒还不打紧，但在股价开始下跌时可就不一样了。这种无法显示即时行情的缺失，不但让投资人更为紧张，也促使投资人加速抛售股票。

最终，灾难还是到来了，纸上富贵付诸东流。

现在我们回过头来对过去进行反思。在1929年初，股市大热时，最现实的选择就是有意识地策划股市下跌，如果听之任之，日后将会发生严重灾难——

①当时的美联储采取了两种收效甚微的传统的控制手段：在公开市场上出售政府证券，收进现金。但是此举收效甚微。主要原因：各商业银行不在此列，可以照旧为股市提供现金；无法长期坚持抛售等。

提高再贴现率（各商业银行向所在辖区的联邦储备银行借款利率），由于各方反对，一直拖到1929年夏天，错过最佳时期。

②联邦储备系统本身不作为。出于谨慎的目的，它未要求提高保证金比例；对火爆行情，它关心的不是限制投资，而是推卸责任。

③由于联邦储备委员会的沉默，市场恐慌情绪蔓延。1929年3月26日，股市大跌。米切尔的国民城市银行的出尔反尔，招来一片批判声。从而让美国政府与联邦储备当局全选择了不干预政策。

现在我们回过头再去看看，导致1929年股市崩盘的原因是什么呢？

（1）金本位放松了银根，刺激了投机

从股市的角度看，1927年是具有历史意义的一年。根据一种长期被接受的观点，股市就是在这一年播下了末日性灾难的种子。责任在于一次慷慨但又愚蠢的国际主义行动。英国恢复实行以前或者说第一次世界大战以前维系黄金、美元和英镑之间关系的金本位制。接着，黄金便从英国和欧洲源源不断地流入美国。政府大量买进发行在外的证券，其必然的结果就是使抛售政府证券的银行和个人持有了备用现金。因联邦储备系统放松银根而变得可利用的资金不是投资于普通股，就是帮助别人融资购买普通股（而这点更加重要）。这样，人们就有了资金，并匆匆投入股市。

关于联邦储备当局在1927年采取的行动是随后投机与股市崩盘的罪魁祸首的观点从来也没有被真正动摇过。这种观点具有吸引力的原因就在于它简单易懂，并且为美国人民和美国经济开脱了一切重大罪责。但是，这种解释显然是假设，只要能够筹集到资金，人们总会进行投机。这种解释仅仅证明了人们在经济问题上重新偏信那些不可思议的胡话。

(2) 投资信托放大了投机热

20世纪20年代末，最著名的投机品种就是投资信托或投资公司股票，它们的发行方案更能满足公众对普通股的需求。投资信托不是创办新的企业或扩大已有企业，而只是一种旨在通过成立新公司来让股民持有已有公司股票的安排。

在投资信托中，杠杆是这样发挥作用的：通过发行债券、优先股和普通股来购买品种不同的普通股组合。当采用这种方法购进的普通股价格上涨（总是这样假设股价走势）时，信托中债券和优先股的价格基本不变。因为债券和优先股的价格是固定的，派生于一个特别规定的回报率。投资信托所持有的证券组合因增值而产生的利润，全部或大部分分配给投资信托的普通股。结果，投资信托普通股的价格奇迹般地上涨。

次贷危机：风起于青萍之末

2007年是黄金大涨的一年，是美元快速贬值的一年，同样也是世界经济遭受沉痛打击的一年。这一年美国次贷危机爆发并开始泛滥。在2008年9月份的第二个星期，次贷危机第五波风暴席卷而来，有着158年历史的美国第四大投行雷曼兄弟再也挣扎不下去了，当地时间9月14日宣布申请破产保护，15日道指暴跌504点。

那么次贷危机是怎样产生的呢？它对美国经济又有什么样的影响呢？

"巴西雨林一只可爱的花蝴蝶，轻轻拍打它的翅膀，就有可能在美国佛罗里达州引发一场风暴。"这是著名的蝴蝶效应，而在2006年，美国金融界的一次蝴蝶效应直接打开了金融危机的大门，进而拖累了全世界。

从2006年年底开始，随着美国房价增速趋缓和放贷违约率的小幅升高，美国出现了对房地产泡沫的零星质疑声音。这种质疑声音在2007年年初开始放大，并开始获得媒体和社会的关注。

当时美国社会的主流声音并不否认房地产出现了泡沫。他们认为，美国房地产价格可能高估了15%~20%，但这是正常的，宏观经济向好的情况下这种泡沫也是在可控范围内的，受需求影响难以出现楼市崩盘的情况。当时观察人士普遍没有考虑到房价下跌可能产生的对美国投行的冲击。他们认为，即使房地产市场价格下跌，也主要是影响到建筑领域和部分房贷提供商。

2007年3月13日，美国房地产市场的问题第一次引发了股市的恐慌，道琼斯指数下跌242.7点。经营次级房贷的新世纪金融公司于当日被纽交所紧急终止交易，理由是美国证监会认为其面临巨大的流动性危机。自此，次级房贷的风险开始为人们所认识，但人们仍然没有意识到这会为各大投行带来危机。

随着标准普尔和穆迪调低次级债评级，以及美国新屋销售量的下滑，美国次贷危机愈演愈烈。2007年7月开始，人们对次贷危机的关注焦点转移到投资银行领域。

投资银行贝尔斯登旗下对冲基金可能大面积亏损和房贷商亏损的预期是2007年6月25、26日美国股市大跌的主要原因。这些预期都变为了现实，贝尔斯登最终被JP.摩根收购。那么作为中央银行的美联储采取了什么样的挽救行动呢？美联储自2007年9月18日开始了降息行动，但这并不能挽救美国股市的趋势。道琼斯指数于2007年10月9日见顶于14164点，随后进入漫漫熊市。

那么，次贷危机因何而起？这次危机到底是怎样形成的呢？

我们知道如果个人从银行获得贷款买房，对于银行来说，这些贷款就是未来获得收益的资产。近年来美国的银行进行所谓的"金融创新"，把很多个这样的贷款"打包"，定制成债券，命名曰"次级债券"，出售给其他的金融机构或者投资者。因为一旦出售这些债券之后，这些贷款的风险就分担给了其他投资者，所以银行就更有动力贷款给个人买房。一定程度上，因为贷款变得更容易了，所以贷款买房的人也就更多了，所以房价就往上涨。

在一个房价上涨的市场里，那些以房贷为背景的债券的风险也就变小了。因为就算有人还不起贷款，投资者也可以把房子轻松地处理掉。所以在这样的背景之下，这些金融机构和投资者就很乐意持有这样的债券。所以银行也就更加大胆地放贷款，房价也就继续涨，投资者就更喜欢这种"次级债券"。

除了这种循环之外，对于银行来说，按照会计准则本来贷款是需要计提准备金的，因为贷款毕竟是有风险的。这些准备金就减少了银行可用的资金，影响了银行的利润。可是，如果对于同样的贷款，银行持有的是对应于这些贷款的次级债，则不需要计提准备，这样银行可以运用的资金就大大增加了。所以这些由银行发放的债券，最后又回到了银行自己手上。

本来次级债的逻辑是，如果把很多人的贷款打成一个包，那么其中某个个体违约的风险就被其他人分散了，于是次级债降低了直接面对借款人的风险。可是，因为前面说过的逻辑，正因为银行可以以此把风险转嫁给其他投资人（或者自己），所以银行的风险控制不像过去那么强了，即使可以分散个体的风险，但是整体的风险是没法用这种伎俩减少的。而且，对于同样的贷款，原来需要计提准备金预防风险，现在通过债券化便不用计提准备金，难道仅仅通过债券化，原来打算违约的借款人就会不违约了吗？

2006年年底，上规模的房贷违约开始出现。很多时候是借款人在银行或者其代理机构的销售代表的"半哄半骗"之下（可想而知，当时这些销售代表有多么大的动力去完成销售任务），签署了以他们的收入根本无法还清的房贷。这时候起，两个自然的结果导致了后来的金融危机：①面对这些大量违约的房贷，银行当然只能收回这些房产然后在房地产市场里出售，于是大幅增加了房地产的供给；②银行开始对房贷更加审慎，审批更加严格，于是获得新的房贷的人就变少了，这样对房产的需求就变小了。

与此同时，因为物价上涨，一部分是因为油价高企，美联储开始提高利息来打压物价。可是同时，提高后的利率也让供房的借款人很难过，以及减少大家借钱买房的动力。很有可能这也促成了后来的危机。

一些不良效应产生了：一些处在还贷与否边缘的借款人，开始觉得原来的借款协议不再有含义：为什么我要为现在只值18万元的房子还25万元的贷款呢（原来房价可能值28万元）？于是这些人选择违约，而不是继续供房，这当然继续增加房产的供给，打压房地产价格；其他房产的所有者，本来是用信用卡等工具从银行获得贷款大量消费，银行之所以肯借钱给他们正是看到他们不断升值的房产，但是一旦他们的房产的市场价值开始下降，银行就不再愿意借那么多钱给他们消费，于是消费者手上的现金变少；回到金融危机上来，那些建立在房贷基础上的次级债券，在房地产价格大幅下降和违约率不断攀升的背景下，开始被信用评级机构从AA降到CC，再降到"垃圾债券"，所以这些次级债券的市场价格就开始跳水！

在次级贷款的安排下，借款人买房的首付金额可以低于20%，甚至降至零首付，而且利息也非常优惠，在最初的2～3年中仅需要按照很低的利率支付利息，或者头几个月免息，在随后的年份中支付浮动的贷款利息。在这样的优惠政策下，低收入者大都拥有了住房，使得美国政府倡导的"居者有其屋"的目标得以有所保证，也满足了美国政府的政治需求。由于房价不断攀升，使得低收入者都以为可以通过房屋的增值来偿还贷款利息。对于放贷机构而言，次级贷款的利率水平比普通贷款要高，可以弥补房贷机构承受的更大风险。在房地产市场持续繁荣、房产价格持续上升的情况下，即使贷款者无法偿还贷款，房贷机构仍可以出售抵押物即房产获得收益。正是在这种看似安全的策略指引下，房贷机构发放了大量的次级贷款，在随后房地产市场繁荣发展的时间里，这一策略确实运行良好，居者有其屋，放贷者也能够顺利收回贷款。

更糟糕的是面对房地产市场的繁荣景象，华尔街上的投资银行、对冲基金等其他金融机构也想从次级贷款的买卖中分一杯羹。投资银行与商业银行不同，不开展吸收存款、发放贷款的业务，它们的业务活动主要是证券经纪、一级市场上的证券承销和二级市场上的证券交易。20世纪80年代开始盛行的资产证券化技术为投资银行进入次贷市场提供了有效的途径。它们从房利美、房地美和其他大银行处买入次级贷款证券化后的债券，又以此为基础发行新的债券，一部分自己持有，一部分出售给投资者获得买卖价差收益。这些由次级贷款衍生出来的债券，包括两房（房利美、房地美）、商业银行发行的和投资银行发行的在内，我们都称之为次级债。这样一来，次级贷款市场进一步扩大，不仅仅包含了次级贷款本身，还包括了市场上其他的与次贷相关的衍生产品。

终于，美国楼市开始萎靡，房价下跌，购房者难以将房屋出售或通过抵押获得融资。由于贷款不能按期收回，放贷机构以及购买次贷债券的投行和对冲基金等开始出现大额亏损。随着2007年8月2日，贝尔斯登表示，美国信贷市场呈现20年来最差状态，欧美股市全线暴跌开始，次贷危机全面爆发，并迅速席卷美国、欧洲和日本等世界主要金融市场。

那么，这次次贷危机对美国经济产生了哪些影响呢？

次贷危机对美国经济的影响要大于上次的互联网危机。由于互联网产业并不是影响国计民生的核心产业，因此互联网泡沫破灭较少冲击到实体经济。而次贷危机由于涉及美国的金融业，因此不可避免地蔓延到实体经济领域。

房价涨势停止和现房存货的增加，将使得建筑商不愿开始新的工程，在现有工程结束后，他们将解雇工人。受在建工程工期的影响，这一现象将滞后于房价疲弱3～6个月。随着失业率的上升，美国居民对未来收入预期降低，耐用品订单将出现显著下滑。耐用品订单的下滑，将影响到上下游企业，并引发进一步的非农就业人口数量下降。

伴随耐用品需求疲软的是服务业需求的疲软。美国服务业不仅是GDP贡献的主要部门，也是边际资本创造就业最多的部门。服务业就业数据不佳，将使得美国居民收入进一步降低。

遭遇次贷冲击的金融部门的存货灭失（次贷资产减计），产生了迫切的融资需求，这吸收了经济体内的很多货币资本。这些资本本可投向其他产业产生新的就业，但现在却用于弥补金融部门资产亏空。这使得美国经济创造就业的能力大幅降低，失业人口节节攀升。

回眸日本金融危机

20世纪80年代后期，日本的股票市场和土地市场热得发狂。从1985年年底到1989年年底的4年里，日本股票总市值涨了3倍。土地价格也是接连翻番，到1990年，日本土地总市值是美国土地总市值的5倍，要知道美国国土面积是日本的25倍！两个市场不断上演着一夜暴富的神话，眼红的人们不断涌进市场，许多企业也无心做实业，纷纷干起了炒股和炒地的行当——全社会都为之疯狂。

幸福来得太快了。正当人们还在陶醉之时，从1990年开始，两个市场迅速走向崩溃，股票价格和土地价格像自由落体一般往下猛掉，许多人的财富一转眼间就成了过眼云烟，上万家企业迅速关门倒闭。经济繁荣如同昙花一现，人们形象地称其为“泡沫经济”。

那么，日本的经济泡沫是怎样产生又是怎样破灭的呢？

20世纪80年代是日本经济发展的黄金时期，不仅低端产品在国际上有很强的竞争力，就连钢铁、摩托车、家电、汽车等行业也因为物美价廉而在世界上有极强竞争力，并且还在不断扩大其在世界贸易中的份额。但是一场突然而至的经济危机却毁了这一切。

第二次世界大战后，日本经济开始了缓慢的恢复，而带来经济发展契机的是1950年的朝鲜战争。这次战争让日本成为所谓

"联合国军"的战略后方，大量战略物资源源不断运往日本，而如果运输成本太大的物资则在日本就地生产。就这样日本经济的机器日夜不停地运转了起来，比如大家熟悉的电器厂商三菱重工，就是当年生产坦克大炮的，至今日本人还保留了这些生产线。

同时日本的消费市场也火爆起来。各国军人在日本吃喝玩乐，也带动了当地巨大的消费需求，由此日本经济一发不可收，到20世纪70年代，日本经济的元气已经基本恢复且发展神速，20世纪80年代的时候，日本经济已经发展到一个可以叫板美国、和美国争霸的阶段，日本对美国的统治地位形成了威胁。当时日本GDP达到了美国GDP的一半，这是历史上从来没有过的事情，而个性张扬的日本人则开始到处收购，比如收购好莱坞，收购洛克菲勒帝国大厦。要知道那个时候美国资本主义的象征不是在"9·11"事件中倒下的世贸大厦，而是洛克菲勒帝国大厦——华尔街的标志性建筑。日本人坚定地认为超过美国是指日可待的事情。美国的贸易逆差达到创纪录的1 000亿美元，美国感受到来自日本的强大经济威胁。这使得美国人惊呼，莫非日本要和平买下整个美国？

这个时期，日美贸易顺差加大，而美国面对日益增长的贸易赤字，忧心忡忡，坐立不安。焦躁的美国人希望通过美元贬值来加大出口，减少进口，以此达到贸易平衡。于是美国利用对日本的控制能力（日本在二战后，作为战败国，被美国从军事、政治上控制，也就间接地控制了日本的经济）制订了一个现在来看完美的打击日本经济的行动。

在当时看来，美元兑日元贬值的要求很合理。于是在美国的强大压力之下，1985年9月，美国财政部长詹姆斯·贝克、日本财长竹下登、前联邦德国财长杰哈特·斯托登伯、法国财长皮埃尔·贝格伯、英国财长尼格尔·劳森等五个发达工业国家财政部长及五国中央银行行长在纽约广场饭店举行会议，达成五国政府联合干预外汇市场，使美元对主要货币有秩序地下调，以解决美国巨额的贸易赤字。这就是有名的"广场协议"。"广场协议"后，日元对美元的比价在三个月内就从263日元降低到200日元，再降低到1986年的152日元和1987年的121日元。

日本人只看到了贸易平衡，却没想到，日元不断升值带来了一个副产品，大量国际资本流入日本，预期日元升值。热钱进入日本后，根据热钱赢利稳定、变现方便的特点，分别进入日本的股票、房地产、实体企业（主要以对赌形式进入）、古董文物。导致日本房地产、股市大幅度上涨，资产泡沫化开始严重起来。

这还只是第一步，接下来美国政府又要求日本政府自动约束出口——1989年日美《维持市场秩序协定》签订后，日本被迫采取对美出口的自动限制措施，日美彩电摩擦才平息下来。

与此同时，美国通过各种手段，限制、打击日本的出口企业。1985年达成协议，禁止日本的9种钢铁商品进入美国市场。

这时日本经济终于出现了问题，怎么办呢？美国建议日本通过扩大内需来刺激经济的发展，于是日本开始降低利率，加大国内建设。日本政府为了刺激内需，大幅降低利率水平，给予房地产行业很多优惠政策。热钱大量进入房地产、而股票开始抬高日本房屋价格，股票也不停上涨;日本企业因为企业利润下滑和房地产、股票市场的赚钱效益显现，也大量涌入。日本老百姓在存钱利息下降和房屋价格不停上涨的局势下，让曾经藐视虚拟经济的日本人民的投资欲望空前高涨（过半日本家庭加入股票市场），理财成为一种时髦。于是，股票和房屋价格直线上涨，日本土地价格也飞涨。

在1987年10月19日星期一，美国股市创下当时的历史最大暴跌纪录。为了保持美国市场的吸引力，避免陷入危机，美国政府要求日本继续保持低利率和宽松的金融政策，日本从而放任了泡沫的膨胀。

这之后，美国金融界大量潜入日本，赚取日圆升值利润，利用金融杠杆对赌等。

股市、房市的上涨迫使日本央行实行宏观调控，不得不推行货币紧缩政策，日元利率上涨到6%，大量热钱开始撤离日本股市、房市，日本股市、房市应声下跌。在1997年的时候，日本股市已经开始从40000多点下跌，步入经济萧条阶段。自从1990年开始，日本股市见高点以来一直处于漫漫熊市。然而即使此时已经跌了7年，日本股市的平均市盈率仍然达到惊人的150倍。比2008年中国股市6124点时候股市平均70倍市盈率，还多了2倍多。股市的下跌使得日本大量中产阶级破产，而房地产的下跌则使得日本资产阶级破产。

1991年日本经济正式步入崩溃，直到2003年才开始在中国经济的强劲带动之下走出低谷，这段时间被日本人称为"失去的10年"。（其实总时间跨度远不止10年。）

美国的泡沫经济

18世纪末，22岁的时候就被选为下院议员的亨利·桑顿注意到，无论哪个时期，在过了几年相对繁荣的好日子之后，经历一场恐慌似乎都是不可避免的。回顾他所处的那个世纪的历史，他看到英格兰经历了以下年份的经济危机：1702年、1705年、1711～1712年、1715～1716年、1718～1721年、1726～1727年、1729年、1734年、1739～1741年、1744～1745年、1747年、1752～1755年、1762年、1765～1769年、1773～1774年、1778～1781年、1784年和1788～1791年。在这18次经济危机中，每一次都是经济自我复苏，而且多数时候经济在复苏后都会上升到更高水平的稳定状态。但是，每一次复苏都只有几年时间，随后又会发生新的危机，并再次摧毁经济。

亨利·桑顿发现的也就是所谓的经济周期。经济危机是经济周期的低谷阶段，经济繁荣是经济周期的高峰阶段。

那么经济周期是怎样变化的？普通民众应该怎样应对经济周期呢？

经济周期也称商业周期、商业循环、景气循环，它是指经济运行中周期性出现的经济扩张与经济紧缩交替更迭、循环往复的一种现象，它是国民总产出、总收入和总就业的波动。人人都讨厌的经济危机就是和经济周期的波动密切相关。

说到经济周期，表现最典型的就是美国。1783年，美国建国后，分别于1825年、1837年、1847年、1857年、1866年、1873年、1882年、1890年、1900年、1907年、1920～1921年、1929～1933年、1937～1938年、1948～1949年、1957～1958年、1969～1970年、1974～1975年、1980～1982年、1990～1991年多次发生过经济危机。而其中又以1857年和1929～1933年美国经济危机对世界经济的影响最大。我们就主要说一下这两次经济危机。

1857年经济危机在资本主义历史上是第一次具有世界性特点的普遍生产过剩危机。这次危机也是第一次在美国而非在英国开始的危机。由于英国对美国铁路建设进行了大量的投资，故美国铁路投机的破产对英国也造成了很大的震动。1847年经济危机结束后，从1850年开始的周期性高涨的最重要的特点是世界贸易急剧扩大，19世纪50年代世界贸易的年平均增长额比前20年提高了2倍。机器工业的发展，运输业的革命，新兴国家和新兴部门卷入国际商品流通，以及加利福尼亚和澳大利亚金矿的发现都促进了世界市场的迅速扩大。

1848年至1858年，美国建成的铁路约达33000公里，超过了其他国家所建铁路的总和。而英国在40年代的建设热潮中，所铺设的铁路却只有8000公里。美国铁路事业的蓬勃发展，按道理应会带动其冶金业的大发展,然而,实际情况却不是这样。而且,这一时期,美国生铁产量长期停滞不前,棉纺织业的增长速度也不快。与此同时,铁轨、生铁、机车、棉布和其他英国制成品的进口却增长得十分迅速,英国产品充斥美国市场阻碍了美国冶金业和棉纺织业等当时的重要工业部门的发展。

随着危机的爆发,美国的银行、金融公司和工业企业大量倒闭。仅1857年就有近5000家企业破产。粮食生产过剩,粮价和粮食出口下降,加上英国工业品的激烈竞争,促使了美国经济危机的加深。反过来,英国的经济发展也受到美国危机的打击。由英国向之提供资金的美国银行、铁路、商业公司纷纷破产,也使英国的投资者持有的有价证券急剧贬值。

1857年秋季,美国还爆发了货币危机,整个银行系统瘫痪了,美国的货币危机在10月中旬达到了顶点,当时纽约63家银行中有62家停止了支付,贴现率竟然超过了60%,股票市场行市则下跌了20%~50%,许多铁路公司的股票跌幅达到80%以上。美国的经济危机迅速蔓延到英国和欧洲大陆,引发了一阵又一阵的破产浪潮。

1857年经济危机波及面很广,之后,爆发了美国的"南北战争"。其后,奴隶制的消灭、宅地法的实施、重工业的发展,为美国资本主义的加速发展创造了十分有利的条件。

1864年2月25日,联邦国会通过了《国民银行体系法》,使美国历史上第一次出现了统一的通货,初步建立了一体化的金融体制,改善了之前由于各地滥设私立和州立银行而导致通货混乱、储蓄缺乏保障、信用不良、资金不稳的状况。

1869年以后，美国银行的资本积累率高达45%～60%，吸收外国资本也从1869年的15亿美元增加到1897年的34亿美元，有力缓解了美国经济高速发展所带来的资金紧缺。从那之后，由于美国经济也进入了一段相对平稳的经济增长期，而正是在这段平稳期内美国的工业生产总值逐渐超过了英国，美国也取代英国成为世界第一经济强国。但这种局面到了20世纪20年代又被彻底打破。

1920年，资本主义世界爆发了第一次世界大战后首次经济危机。危机过后，美国经济在股票、债券等"经济泡沫"的影响下迅速增长，创造了资本主义经济史上的奇迹。从1923年直到1929年秋天，每年的生产率增长幅度达4%。与此同时，整个美国社会的价值观念都在发生变化。

20世纪20年代的繁荣虽然造就了一个资本主义发展的黄金时期，但这一繁荣本身却潜伏着深刻的矛盾和危机。首先是美国农业长期处于不景气状态，农村购买力不足。1919年时农场主的收入占全部国民收入的16%，而在1929年只占全部国民收入的8.8%，农场主纷纷破产。此时农民的人均收入只有全国平均收入的1/3左右。

其次，是美国工业增长和社会财富的再分配极端不均衡。工业增长主要集中在一些新兴工业部门，而采矿、造船等老工业部门都开工不足，纺织、皮革等行业还出现了减产危机，大批工人因此而失业。

　　这一时期兼并之风盛行，社会财富越来越集中在少数人手中。全美最大的16家财阀控制了整个国家国民生产总值的53%，全国1/3的国民收入被占人口5%的最富有者占有；另一方面，约60%的美国家庭的生活还挣扎在仅够温饱的每年2000美元水平上下，更为严重的是，有21%的家庭年收入不足1000美元。此外，国际收支中的潜在危机也加深了美国经济的潜在危机。美国日益增长的经济力同消费品供应大大超过国内外有支付能力的需求。这一切都预示着一场大危机的到来。

　　1929年上台的总统胡佛是一位靠个人奋斗起家的"美国英雄"。他在竞选演说中对人民许诺，"美国人家家锅里有两只鸡，家家有两辆汽车"。但由于胡佛在经济领域顽固奉行自由资本主义经典理论，在随后到来的经济危机中应对无力，从而使他的诺言成为一张永远无法兑付的空头支票。当年10月24日，一场经济危机风暴席卷美国。这次危机使生产下降的幅度之大，波及范围之广，失业率之高，持续时间之长，都是前所未有的。

　　从10月29日开始的一周内，美国人在证券交易所内失去的财富就达100亿美元。为了维持农产品的价格，农业资本家和大农场主大量销毁"过剩"的产品，用小麦和玉米代替煤炭做燃料，把牛奶倒进密西西比河，使这条河变成"银河"。到1932年，钢铁工业下降了近80%，汽车工业下降了95%，至少13万家企业倒闭，占全国劳工总数1/4的人口失业。城市中的无家可归者用木板、旧铁皮、油布甚至牛皮纸搭起了简陋的栖身之所，这些小屋聚集的村落被称为"胡佛村"，意在讽刺胡佛总统。除此之外，流浪汉的要饭袋被叫作"胡佛袋"，由于无力购买燃油而改由畜力拉动的汽车被叫作"胡佛车"，甚至露宿街头长椅上的流浪汉身上盖的报纸也被叫作"胡佛毯"。纽约大街上流行这样一首儿歌："梅隆拉响汽笛，胡佛敲起钟。华尔街发出信号，美国往地狱里冲！"

但后来，由于"二战"的爆发，美国成功把经济危机的影响转移到欧洲。这次危机之后，美国不但没有冲进地狱，反而借助"二战"为同盟国提供军事供应而一举奠定了自己全球经济霸主的地位。

但"二战"过后，美国还是多次经历了经济危机的冲击，而这次的金融海啸更被誉为1929年"经济大萧条"以来百年难遇的一次经济危机就是最好的例证。透过这次金融海啸，我们不难发现，不管在"非理性繁荣"的包装下美国经济看起来有多么光鲜，但实际上美国经济模式的本质还是"从泡沫中来到泡沫中去"的"泡沫经济"。

无法逃离的经济周期

一些经济学家认为，美国上一次金融危机是2000年的科技股泡沫的破灭。当时，纳斯达克从1998年10月的1569点上升到2000年3月的5132点后，就开始暴跌。从2000年3月暴跌到2002年10月，从

5132点暴跌到1108点。跌幅超过8成，下跌时间为两年半。

由此看来，美国经济上一次高潮是在2000年，离目前大约8年。也就是说，大约8年为一个经济周期。危机、萧条、复苏、繁荣，平均2年一个发展阶段。

这里所说的经济周期的阶段是怎么回事呢？经济周期都有哪些类型呢？

经济周期理论在金融界十分引人瞩目，从19世纪中叶至"二战"前这段时期，西方经济学家提出了数十种经济周期理论。鉴于这些理论的数量如此之多，国际联盟（联合国前身）特意指定当时著名学者哈伯勒撰写了《繁荣与萧条》一书，来对以往的各种理论进行总结。此后，仍有很多学者关注这一理论的发展，并将其应用到经济生活的很多领域。

经济学家将经济周期分为四个阶段：衰退、复苏、过热和滞胀。每一个阶段都可以由经济增长和通胀的变动方向来唯一确定。有趣的是，经济学家们发现每一个阶段都对应着表现超过大市的某一特定资产类别：债券、股票、大宗商品或现金。

在衰退阶段，经济增长停滞。超额的生产能力和下跌的大宗商品价格驱使通胀率更低。企业盈利微弱并且实际收益率下降。中央银行削减短期利率以刺激经济回复到可持续增长路径，进而导致收益率曲线急剧下行。债券是最佳选择。

在复苏阶段，舒缓的政策起了作用，GDP增长率加速，并处于潜能之上。然而，通胀率继续下降，因为空置的生产能力还未耗尽，周期性的生产能力扩充也变得强劲。企业盈利大幅上升、债券的收益率仍处于低位，但中央银行仍保持宽松政策。这个阶段是股权投资者的"黄金时期"。股票是最佳选择。

在过热阶段，企业生产能力增长减慢，开始面临产能约束，通胀抬头。中央银行加息以求将经济拉回到可持续的增长路径上来，此时的GDP增长率仍坚定地处于潜能之上。收益率曲线上行并变得平缓，债券的表现非常糟糕。股票的投资回报率取决于强劲的利润增长与估值评级不断下降的权衡比较。大宗商品是最佳选择。

在滞胀阶段，GDP的增长率降到潜能之下，但通胀却继续上升，通常这种情况部分原因归于石油危机。产量下滑，企业为了保持盈利而提高产品价格，导致工资—价格螺旋上涨。只有失业率的大幅上升才能打破僵局。只有等通胀过了顶峰，中央银行才能有所作为，这就限制了债券市场的回暖步伐。企业的盈利恶化，股票表现非常糟糕。现金是最佳选择。

那么经济危机都有哪些类型呢？100多年来，经济学家们根据各自掌握的资料提出了不同长度和类型的经济周期。

基钦周期：短周期。短周期是1923年英国经济学家基钦提出的一种为期3～4年的经济周期。基钦认为经济周期实际上有主要周期与次要周期两种。主要周期即中周期，次要周期为3～4年一次的短周期。这种短周期就称基钦周期。

朱格拉周期：中周期。中周期是1860年法国经济学家朱格拉提出的一种为期9～10年的经济周期。该周期是以国民收入、失业率和大多数经济部门的生产、利润和价格的波动为标志加以划分的。

康德拉季耶夫周期：长周期或长波。长周期是1926年俄国经济学家康德拉季耶夫提出的一种为期50～60年的经济周期。该周期理论认为，从18世纪末期以后，经历了三个长周期。第一个长周期从1789年到1849年，上升部分为25年，下降部分35年，共60年。第二个长周期从1849年到1896年，上升部分为24年，下降部分为23年，共47年。第三个长周期从1896年起，上升部分为24年，1920年以后进入下降期。

库兹涅茨周期：另一种长周期。这是1930年美国经济学家库涅茨提出的一种为期15～25年，平均长度为20年左右的经济周期。由于该周期主要是以建筑业的兴旺和衰落这一周期性波动现象为标志加以划分的，所以也被称为"建筑周期"。

熊彼特周期：一种综合。1936年，著名的经济学家熊彼特以他的"创新理论"为基础，对各种周期理论进行了综合分析后提出的。熊彼特认为，每一个长周期包括6个中周期，每一个中周期包括三个短周期。短周期约为40个月，中周期约为9～10年，长周期为48～60年。他以重大的创新为标志，划分了三个长周期。第一个长周期从18世纪80年代到1842年，是"产业革命时期"；第二个长周期从1842年到1897年，是"蒸汽和钢铁时期"；第三个长周期从1897年以后，是"电气、化学和汽车时期"。在每个长周期中仍有中等创新所引起的波动，这就形成若干个中周期。在每个中周期中还有小创新所引起的波动，形成若干个短周期。

被捏碎的非理性投机泡沫

　　当郁金香开始在荷兰流传后，一些机敏的投机商就开始大量囤积郁金香球茎以待价格上涨。不久，在舆论的鼓吹之下，人们对郁金香表现出一种病态的倾慕与热忱，并开始竞相抢购郁金香球茎。1634年，炒买郁金香的热潮蔓延为荷兰的全民运动。当时1000美元一朵的郁金香花根，不到一个月后就升值为2万美元了。1636年，一株稀有品种的郁金香竟然达到了与一辆马车、几匹马等值的地步。面对如此暴利，所有的人都冲昏了头脑。他们变卖家产，只是为了购买一株郁金香。就在这一年，为了方便郁金香交易，人们干脆在阿姆斯特丹的证券交易所内开设了固定的交易市场。正如当时一名历史学家所描述的："谁都相信，郁金香热将永远持续下去，世界各地的有钱人都会向荷兰发出订单，无论什么样的价格都会有人付账。在受到如此恩惠的荷兰，贫困将会一去不复返。无论是贵族、市民、农民，还是工匠、船夫、随从、伙计，甚至是扫烟囱的工人和旧衣服店里的老妇，都加入了郁金香的投机。无论处在哪个阶层，人们都将财产变换成现金，投资于这种花卉。"1637年，郁金香的价格已经涨到了骇人听闻的水平。与上一年相比，郁金香总涨幅高达5900%！1637年2月，一株名为"永远的奥古斯都"的郁金香售价高达6700荷兰盾。这笔钱足以买下阿姆斯特丹运河边的一幢豪宅，而当时荷兰人的平均年收入只有150荷兰盾。

　　就当人们沉浸在郁金香狂热中时，一场大崩溃已经近在眼前。由于卖方突然大量抛售，公众开始陷入恐慌，导致郁金香市场在1637年2月4日突然崩溃。一夜之间，郁金香球茎的价格一泻千里。虽然荷兰政府发出紧急声明，认为郁金香球茎价格无理由下跌，劝告市民停止抛售，并试图以合同价格的10%来了结所有的合同，但这些努力毫无用处。一个星期后，郁金香的价格已平均下跌了90%，而那些普通的品种甚至不如一颗洋葱的售价。绝望之中，人们纷纷涌向法院，希望能够借助法律的力量挽回损失。但在1937年4月，荷兰政府决定终止所有合同，禁止投机式的郁金香交易，从而彻底击破了这次历史上空前的经济泡沫。

我们常听到经济泡沫的说法，那么经济泡沫是怎样定义的呢？它与经济危机又有怎样的联系呢？

什么是经济泡沫呢？最常用于经济研究中的泡沫的定义是，无法解释的那部分资产价格运动，它建立在我们称之为基本面的基础之上。基本面是各种变量的集合体，我们认为这些变量应该驱动资产价格的变化。在一种特殊的资产价格定义的模型中，如果我们对资产价格的预测产生了严重的偏差，那么，我们可能就会说存在着某种泡沫。

泡沫位于金融学、经济学和心理学的结合处。对大规模的资产价格运动的最新解释倾向于将心理学排在第一位，这不仅受到惨淡的过去所发生的故事的影响，而且受到在1997年、1998年和1999年这些危机年份里发生的大多数事件的影响。早期产生的泡沫大多是由基本面因素驱动的，它们源自金融学与经济学这些更基本的因素的结合处，心理学因素不过是其背景而已。比如荷兰郁金香狂热、密西西比泡沫和南海泡沫，它们均被看作是私人资本市场疯狂的范例。

金融行为学家发现，有这样几种心理问题在泡沫时期最容易发生：其一，"锚定效应"。大多数泡沫具有的典型特征是，在最后一个阶段到来前，价格和增值效应通常都会延续相当长时间，这使得投资者改变了预期，认为高价格是合理的。其二，"羊群效应"。即便很多精明的专业投资人，也总是试图"与泡沫一起膨胀"，而不是努力避免泡沫。在价格上涨过程中，他们通常认为随大溜比采取与众不同的方法更安全，循规蹈矩比特立独行犯错误的可能性更小。其三，认知失调。人们总是倾向选择那些"可以坚定我们选择"的观点，比如，市场在疯狂时期的特征之一是，人们对定价过高的预警总是不感兴趣，甚至很愤怒。其四，灾难忽略与灾难放大。对于发生概率较小的负面事件，投资者总是侥幸地认为"很难发生在我身上"，而灾难一旦发生，他又总是担心"祸不单行，更大的灾祸在后面"。

在经济过热与市场恐慌中，货币因素十分重要。芝加哥学派认为，当局总是愚蠢的，而市场总是聪明的，只有当货币供应量稳定在固定水平或以固定增长率增加时，才能避免经济过热和市场恐慌。然而，现实的悖论是，银行家只把钱借给不想借钱的人。当发生经济崩溃时，银行体系必然受到冲击，除了货币数量的变动外，将导致银行对信贷进行配额控制，这势必造成某些资本运行环节当中的信用骤停和流动性衰竭。

尽管如此，著名货币学派理论家欧文斯通坚决反对在危机时扩大货币供给，而赫伯特·斯潘塞的表述更为尖锐："保护人类免尝愚蠢行为的苦果，其结果只会让全世界都变得愚蠢。"

对此，金德尔伯格认为：长期来看，货币供应量应该固定不变，但在危机期间它应当是富有弹性的，因为良好的货币政策可以缓解经济过热和市场恐慌，也应该可以消除某些危机。其依据主要是对1720年、1873年和1882年的法国危机，以及1890年、1921年和1929年的危机的研究。这几次危机中都没有最后贷款人出现，而危机后的萧条却持续久远。

金融危机的完整过程：首先在经济的发展过程中，人们经过种种努力，终于抓住了新的利润机会，并开始追求这一新的利润。而在追求利润的过程中，繁荣阶段的过剩本质就会真正体现出来。这时，金融体系将经历一个"痛苦"的阶段，在这一阶段，人们急于扭转经济扩张的过程，这一扭转方式就像爆发了市场恐慌。在过热阶段，人们手中的钱都用来购买不动产或流动性较差的金融资产，没有钱的人则借钱从事这一行为。但随之而来的经济恐慌阶段正好与此相反，财富从不动产或金融资产转向货币，或转而偿还债务。这种行为终于导致商品、房屋、土地、股票和债券价格的崩溃，也就是说，任何成为经济过热的投资对象的东西，其价格都将崩溃。

我们观察历史上的金融危机，类似于上述过程的金融危机有30多次，基本上是10年出现一次。其获取利润的对象早年从硬币到花卉到房地产或土地，近年则从债券到基金到股票乃至于衍生产品，举凡能带来利润的，都是投资（投机）的对象。但这种投资要转化成危机，还要经历一个理性的非理性过程。

经济过热：谁是最后一个贷款人

小孩子喜欢玩一种扔爆竹的游戏，但是，如果A小孩向B小孩脚下扔的是一个哑炮，B小孩拣起这个哑炮扔给了C小孩，C又扔给了D，依此类推，直至Y小孩扔给了Z，这个哑炮终于在Z的脸上炸开并炸瞎了Z的双眼。这里，A是远因，Y是近因，中间还有从B到W的一系列连接点。那么，谁该对这件事情负责呢？

这个小小的比喻可以看成是金融危机发展的一个过程，金融危机是在种种因素的传递累积中爆发的。那么谁该对金融危机负责呢？

金融危机原因是投机行为和信用扩张，近因则是某些不起眼的偶然事件，如一次银行破产、某个人的自杀、一次无关宏旨的争吵、一件意想不到的事情的暴露或是拒绝为某些人贷款以及仅仅是看法的改变。这些事情都可能使市场参与者丧失信心，认为危机即将来临，从而抛出一切可转换为现金的东西，诸如股票、债券、房地产、外汇和商业票据。当所有需要货币的人都找不到货币了，金融领域中的崩溃便会传导到经济中的各个方面，导致总体经济的下降，金融危机的来临。

投机要成为一种"热"，一般都要在货币和信贷扩张的助长下才能加速发展。有时候，正是货币和信贷的最初扩张，才促成了投机的狂潮。远的如举世皆知的郁金香投机，就是当时的银行通过发放私人信贷形成的；近的如20世纪30年代大萧条之前，纽约短期拆借市场扩张所促成的股票市场繁荣。事实上，在所有的从繁荣到危机的过程中，都有货币、或者是银行信贷的影子，而且，货币的扩张也不是随机的意外事件，而是一种系统的、内在的扩张。

那么，问题就出来了：一旦启动了信贷扩张，规定一个停止扩张的时点是否现实呢？并且，这能否通过自动法则完成呢？

对历史事件进行类聚研究后可以看出，只要当局稳定或控制一定数量的货币M，不管是控制货币的绝对量，还是根据既定趋势控制货币的供应量，都会导致经济更加过热。这是因为：如果货币的定义以特定的流动资产形式被固定下来，并且经济过热后以该定义之外的新的方式将信贷"货币化"，那么，虽然以旧的方式定义的货币不会增长，但其流通速度会加快；现代经济中，人们很难确定各层次的货币供应量。因此，货币扩张不太可能通过货币稳定政策稳定下来。再推而广之，货币还是会推动"热"之更热，危机还是不可避免。

从人类进入市场经济以来，人类总是在不断重复着同样的错误，而且，这些错误的开头，都是无可指责的理性的行为方向。

关于市场金融，各经济学派分别持有不同观点，而金德尔伯格教授在书中，就对各派观点进行了详尽的考察和评述。

货币主义者很乐观，他们认为不可能存在导致不稳定的投机。理由是，投机者往往在价格上涨时买进、下跌时售出，由于其高买低卖，必将导致亏损，因此他们很难生存下去。而金德尔伯格认为，投机与贪婪是形成欺诈的人性基础，从精神病学的角度来看，欺诈者与受害者的关系是一种被捆绑在一起相互满足并相互依赖的共生关系。欺诈是由需求决定的，它遵循着凯恩斯的"需求决定供给"的法则，而非萨伊的供给自动创造需求的理论。在经济繁荣时期，财富被不断创造出来，人们的贪婪欲望也随之增大，欺诈者便应运而生。这种状况就像很多绵羊等着人们来剪毛一样，欺诈者一旦出现，它们就献出自己作为牺牲品。毕竟，没有什么事比眼看着一个朋友变富更困扰人们的头脑与判断力了。

回过头来，我们再分析金德尔伯格的观点。如果我们将他的观点简单理解为设立一个最后贷款人也是肤浅的。如果市场知道它会得到最后贷款人的支持，就会在下一轮经济高涨时期，较少甚至不愿承担保障货币与资本市场有效运作的责任，最后贷款人的公共产品性会导致市场延迟采取基本的纠正措施、弱化激励作用、丧失自我依赖性。因此应该由一个"中央银行"提供有弹性的货币，但是，责任究竟落在谁的肩上还不确定。这种不确定性如果不使市场迷失方向的话是有好处的，因为它向市场传递了一个不确定的信息，使市场在这个问题上不得不更多地依靠自救。因此，市场要有适度的不确定性，但不能太多，这样才有利于市场建立自我独立性。

这也就产生了两类投机者的问题，即内部人和外部人的问题。一般来说，内部人往往采用投机手段驱使价格不断上涨，并在价格最高点将投机物品出售给外部人，从而导致了市场的不稳定。而外部人则在价格最高点购进商品，又在内部人采取措施使市场价格下跌时在谷底卖出商品。外部人的损失等于内部人的收益，市场整体没有变化。

一般情况下，每一个具有不稳定性的投机者，必有另一个具有稳定性的投机者与之对应，反之亦然。但职业性的内部人一开始通过加速价格的上升及下跌来扰乱市场，而高买低卖的业余外部人与投机热的牺牲者相比，对价格的操纵能力较低，前者只是在投机的后期才影响到后者。损失以后，他们又回到其正常的工作中，继续储蓄以备另一次赌博。

另一个有关高买低卖、具有不稳定性的外部投机者的例子是依萨克·牛顿（Isaac Newton）具有启迪意义的历史故事。作为一个伟大的科学家，他应该是理性的。1720年春，他写道："我可以计算天体的运动，但无法计算人类的疯狂。"因此，他于4月20日出售了所持有的南海公司股票，获得了100%的高额利润，约为7000英镑。不幸的是，进一步的冲动随即又抓住了他，受那一年春季和夏季风靡全球的投机热传染，他在市场最高点时买入了更多的股票，最后损失了20000英镑。许多经历过这类灾难的人都有这种非理性的习惯，最终他将这段经历抛诸脑后，在其一生余下的时间里，他甚至不能再听到南海之名。

但是，即使每一个参与者的行为看起来都是理性的，各个阶段的投机或是内部人和外部人的投机仍可能导致经济的疯狂扩张和恐慌。这就是所谓的组成谬误，即总体与各部分之和不等。每个人的行动都是理性的或应当是理性的，但并不等于其他人以同样的方式行动。如果某人行动十分迅速，先于他人买进并卖出，他可能会做得很好，就像内部人所做的那样，即使这个时候总体的情况看起来很糟。超过资本实际价值的任何增长都仅仅是想象中的事情；不管普通算术如何延伸，1加1永远都不会等于3个半，结果，任何虚拟价值都将是某些人或另一些人的损失。对此，唯一的阻止办法是及早出售，让魔鬼抓住最后一个人。